Schöningh

EinFach
Deutsch
Unterrichtsprojekt

99 Theater-Spiele

Übungen für die theaterpädagogische Praxis

Erarbeitet von
Barbara Müller
Helmut Schafhausen

Herausgegeben von
Johannes Diekhans

www.schoeningh-schulbuch.de
Schöningh Verlag, Jühenplatz 1–3, 33098 Paderborn

Druck 11 10 9 / Jahr 2016 15 14
Die letzte Zahl bezeichnet das Jahr dieses Druckes.

Umschlaggestaltung: Jennifer Kirchhof
Druck und Bindung: westermann druck GmbH, Braunschweig

ISBN 978-3-14-022434-5

Inhalt

Eine Einladung

Theaterspielen – das ist eine der schönsten Verbindungen von ernsthafter Arbeit und Freude an der Sache. Besonders Kinder und Jugendliche sind für theatralische Impulse empfänglich, schätzen diese Form der spielerischen Arbeit. Dieses Buch will dazu einladen, Theater-Spiele unkompliziert und ohne Aufwand in den Alltag von Schule, Jugendarbeit oder anderen Gelegenheiten einzubauen und zielgerichtet Fantasie und Kreativität der Mitwirkenden herauszufordern.

Im Spiel lernt man auf leichte Art, es geht nicht um Leistungsproben. Spiele helfen dabei, Hemmungen und Ängste abzubauen, Vertrauen zu sich selbst zu bekommen und allmählich Sicherheit und Freude an der Darstellung zu entwickeln. Für Spielleiter und Gruppe ist es hilfreich, kleine und realistische Schritte zu gehen, sich dabei den spielerischen Charakter zu bewahren und sich so vor Überforderung zu schützen.

Die folgenden Schritte sollen helfen, die Spiele nach und nach aufzubauen – und vielleicht als Ausgangspunkt für ein größeres Projekt zu nutzen.

Raum und Zeit

Spiel und Theater ist vielfältiges Lernen – aber kein herkömmlicher Unterricht. Den geeigneten Rahmen kann man sich ohne großen Aufwand schaffen.

Im Prinzip ist jeder Raum geeignet, der Bewegung für eine Gruppe erlaubt: Es ist hilfreich, wenn ein größerer Raum – etwa eine Aula oder eine Turnhalle – zur Verfügung steht, die Spiele funktionieren aber auch im normalen Klassenzimmer. Damit man sich dort bewegen kann, werden die Möbel beiseite geräumt. Vorher überlegt man sich genau, wo Tische und Stühle gestapelt werden können, und übt das mit den Schülern, bis es klappt (als Anreiz kann man sogar die Zeit stoppen – vgl. „Rituale“).

Der Zeitaufwand richtet sich nach den Vorhaben: Die Spiele sind so aufgebaut, dass man mit kleinen Einheiten anfängt und allmählich zu längeren Sequenzen kommt – so schützt man sich als Spielleiter und die Gruppe vor Überforderung. Muss der Raum nicht umgeräumt werden, reicht am Anfang eine (Schul-)Stunde aus, später kann man die Sequenzen auf zwei Stunden steigern.

Rituale

Die Spiele führen die Beteiligten ein Stück aus dem normalen Schulbetrieb heraus und in eine Theateratmosphäre hinein. Diese andere Art der Arbeit und ein neuer Raum ohne die gewohnte Anordnung von Tischen und Stühlen machen neue Verhaltensregeln und Rituale sinnvoll, damit ein produktives und erfolgreiches Arbeiten möglich ist. Wenige Rituale, die aber von Anfang an eingeübt werden und immer gelten, strukturieren die Arbeit für die Schüler und machen sie produktiv:

- Falls der Raum ausgeräumt werden muss, werden die notwendigen Arbeiten am besten gemeinsam geübt, der Ablauf sollte klar sein: Wo werden die Tische und Stühle hingestellt, wie kann man das möglichst leise schaffen?
- Spieleinheiten beginnen und enden am besten mit einer kurzen Besprechung – das gibt der Arbeit den notwendigen Rahmen: Was wird heute gemacht, wie ist es gelaufen, welche Pläne gibt es für das nächste Mal? Diese Gespräche finden im Sitzkreis statt: entweder auf dem Boden – wenn dieser geeignet ist – oder auf Stühlen.

- Wenn die gesamte Gruppe an den Spielen beteiligt ist, erklärt der Spielleiter die Ausgangsstellung, damit alle wissen, wie sie sich im Raum verteilen sollen.
- Spielen dagegen einige aus der Gruppe etwas vor, bilden die anderen die Zuschauer und sitzen in einem klar definierten Zuschauerraum, etwa am Rand des Raumes oder der Bühne – diesen Raum kann man mit Klebeband markieren. Die Zuschauerrolle wird gemeinsam besprochen: Die Zuschauer tragen durch ihre Aufmerksamkeit die Vorführung – gerade wenn die Spieler noch unsicher sind. Sie rufen nicht einfach in die Vorführung hinein, sondern sagen anschließend, was sie gesehen haben.
- Wenn sich die Zuschauer zum Gesehenen äußern, kann man gemeinsam die Grundregel vereinbaren, dass positive Aspekte betont werden und Kritik in Form von Verbesserungsvorschlägen geäußert wird – das nimmt die Schärfe und vermeidet Blockaden bei den Spielern.
- Alle Aktionen und Vorführungen haben einen klaren Anfang (Betreten der markierten Bühne) und ein klares Ende (Gruppe tritt nach vorne und verbeugt sich).

Gebrauchsanleitung 1: Spielsequenzen zusammenstellen

Die Spiele und Übungen des Katalogs sind nicht grundsätzlich neu. Viele finden sich auch in anderen Publikationen oder wurden durch Workshops und Seminare verbreitet. Alle Übungen und Spiele sind in der Praxis mit großen Gruppen erprobt worden. Sie sind nach Schwerpunkten sortiert um eine sinnvolle Zusammenstellung zu erleichtern:

- Einstieg und Aufwärmen
- Wahrnehmen und Vertrauen gewinnen
- Atem, Stimme, Sprache
- Darstellung und Ausdruck
- Rollen
- Improvisationen und Szenen

Die Schwerpunkte bauen aufeinander auf: Nach leichten Einstiegsspielen werden einzelne Aspekte spielerisch trainiert, bis zum Schluss richtige Szenen gespielt werden. Auch innerhalb der einzelnen Kapitel steigern sich die Spiele von leicht bis anspruchsvoll.

Die Mischung verschiedener Schwerpunkte bietet Abwechslung und ergibt attraktive Übungseinheiten. So kann man z.B. eine Spielsequenz nach folgendem Muster zusammenstellen:

- Man beginnt mit Spielen aus dem Bereich „Einstieg und Aufwärmen“ und „Wahrnehmen und Vertrauen gewinnen“.
- Im nächsten Teil wählt man einen Schwerpunkt aus den Bereichen „Atem, Stimme, Sprache“, „Darstellung und Ausdruck“ oder „Rollen“.
- „Improvisationen und Szenen“ können sich anschließen.

Die Spiele motivieren in der Regel durch ihren starken Impulscharakter, so können z.B. einige Spiele von der gesamten Gruppe als Wettkampf ausgetragen werden. Es kann vorkommen, dass einige Schüler zunächst mit Hemmungen auf Spiele reagieren. Die Blockaden lösen sich, wenn einige Spiele bei jedem Termin wiederholt und so vertrauter werden. Spielleiter und Gruppen schaffen sich mit der Zeit ihren eigenen Kanon an Spielen, die ihnen besonders liegen.

Gebrauchsanleitung 2: Beschreibung der einzelnen Spiele

Die Beschreibungen des Spielverlaufs sind möglichst praxisnah gestaltet und in einem Schema dargestellt, sodass die Spiele auf einen Blick vergleichbar sind. Das Schema gliedert sich in folgende Punkte:

Schwerpunkt	Jedes Spiel wird einem der erwähnten Schwerpunkte zugeordnet.
Name des Spiels	
Dauer	Hier finden sich Empfehlungen, wie lange das Spiel sinnvoll dauern kann.
Altersgruppe	Die meisten Spiele und Übungen in diesem Buch sind für Teilnehmer ab 11 Jahren geeignet. Bei einigen Spielen, die ein höheres sprachliches oder darstellerisches Ausdrucksvermögen erfordern, wird eine Altersbeschränkung empfohlen (z.B. ab 15 Jahre).
Schwierigkeitsgrad	leicht – mittel – anspruchsvoll
Arbeitsform	ganze Gruppe, Kleingruppe von 3–5 Teilnehmern, Partnerarbeit, Einzelarbeit
Requisiten	Falls Requisiten notwendig sind, werden sie hier angegeben.
Beschreibung	Hier wird der Verlauf des Spiels praxisnah beschrieben und es werden sinnvolle Hilfestellungen erwähnt.

Einzelne Spiele sollte man nicht zu lange ausdehnen – die Motivation lässt nach und es entsteht ein versteckter Leistungsdruck: Wenn man etwas öfter wiederholt, entsteht der Anspruch, dass es auch immer besser werden muss.

Viele Spiele in diesem Buch sind auch für Kinder unter 11 Jahren geeignet! Da wir, die Autoren, wenig Erfahrung mit dieser Altersgruppe haben, haben wir uns mit Empfehlungen für Kinder im Grundschulalter zurückgehalten. Unsere Empfehlung für Spielleiter, die mit Kindern unter 11 Jahren arbeiten: Verlassen Sie sich auf Ihre Erfahrungen und probieren Sie aus. Wir würden uns über Ihre Rückmeldungen freuen.

Diese Sammlung von Spielen bildet eine Ergänzung zum Band „Spiel- und Arbeitsbuch Theater“ (Schöningh Verlag, Bestell-Nr. 022344 7), in dem die intensive Arbeit an Theaterprojekten praxisnah dargestellt wird.

Weitere Informationen, Tipps und Beispiele aus der Praxis gibt es auch im Internet unter www.szenisches-lernen.de

Die Autoren wünschen Spielleitern und Spielern viel Spaß und möchten Mut machen, auch Spiele auszuprobieren, die auf den ersten Blick ungewohnt oder anspruchsvoll wirken. Denn die Erfahrung zeigt – es klappt immer!

Einstieg und Aufwärmen

Die Spiele helfen, auf leichte Art in die Theaterarbeit hineinzufinden: Dabei stehen vor allem Bewegung, Zusammenarbeit in der Gruppe und spielerische Eingewöhnung in konzentriertes Arbeiten im Vordergrund. Die Spiele helfen Hemmungen abzubauen, Vertrauen zu sich selbst zu bekommen und Freude an Bewegung und Darstellung zu entwickeln.

Um eine Orientierung im breiten Angebot zu ermöglichen, wurden die Spiele in diesem Schwerpunkt noch einmal in verschiedene Gruppen unterteilt. So lässt sich je nach Situation leichter die geeignete Spielsequenz zusammenstellen:

- Konzentrationsspiele in der Gruppe
- Konzentrationsspiele in Partnerarbeit
- Gehen und Bewegen im Raum
- Fangenspiele
- Spielerischer Wettbewerb

Bunny, Bunny, Bunny

Tote Fliege

Toast Hawaii

Katz und Maus

Kevin allein zuhause

Schwerpunkt	Einstieg und Aufwärmen
Name	**Bunny, Bunny, Bunny**
Dauer	10–15 Minuten
Altersgruppe	alle
Schwierigkeitsgrad	leicht
Arbeitsform	ganze Gruppe
Requisiten	—

Alle Spieler stehen im Kreis. Einer beginnt, indem er seine beiden Hände wie Hasenohren an seinen Kopf hält, mit den Händen ein Ohrenwackeln imitiert und „Bunny, Bunny, Bunny" ruft. Die beiden Spieler links und rechts von ihm unterstützen ihn dabei, indem sie sich rechts bzw. links neben ihn stellen und ihre rechte bzw. linke Hand ebenfalls zu Hasenohren formen und ebenfalls „Bunny, Bunny, Bunny" rufen. Mit einem letzten „Bunny"-Ruf und dem Einklappen der Ohren sowie dem Zeigen der Ohren auf einen anderen Spieler im Kreis gibt der mittlere Spieler die Rolle des Hasen ab. Der neue Hasen-Spieler nimmt nun rasch seine Hände als Ohren, wackelt mit ihnen und ruft „Bunny, Bunny, Bunny". Gleichzeitig springt sein rechter bzw. linker Mitspieler zu ihm und unterstützt ihn wie oben beschrieben.
In schnellem Wechsel wird nun die Rolle des Hasen beliebig im Kreis weitergereicht. Wichtig ist dabei, auf eine rasche Geschwindigkeit zu achten. Passieren Fehler, z.B. wenn jemand zu langsam ist oder die Hände-Ohren nicht vollständig sind, scheidet der Spieler, der den Fehler verursacht hat, aus.

Schwerpunkt	Einstieg und Aufwärmen
Name	**Klatschkreis**
Dauer	5–10 Minuten
Altersgruppe	alle
Schwierigkeitsgrad	leicht
Arbeitsform	ganze Gruppe
Requisiten	—

Alle stehen in einem großen Kreis, aber nicht zu eng nebeneinander. Der erste Spieler gibt einen Impuls durch Klatschen der Hände an seinen Nachbarn weiter und macht dazu ein Geräusch. Geht das Klatschen nach rechts, zeigen beide Hände in diese Richtung und der Spieler sagt gleichzeitig „Boing". Geht es nach links, sagt man „Zick". (Natürlich kann man auch andere Wörter benutzen.) Jeder Spieler kann die Richtung ändern, kann das Klatschen in die Richtung zurückgeben, aus der es kam – dann ändert sich aber auch das Wort. Das Spiel fördert die Reaktions- und Konzentrationsfähigkeit, sollte aber nicht zu lange gespielt werden.

Tipp: Die ersten Proberunden sollten langsam erfolgen, damit man sich an das Spiel gewöhnen kann. Der Spielleiter sorgt dafür, dass es nicht immer an denselben Stellen hakt und ein Teil der Gruppe nicht drankommt.
Später kann man das Tempo erhöhen und Bedingungen einführen: Wer zu spät reagiert oder das falsche Wort sagt, scheidet aus.

Variation: Wenn die Gruppe sicher ist, kann man als dritte Richtung mit dem Wort „Wusch" geradeaus klatschen.

Schwerpunkt	Einstieg und Aufwärmen
Name	**Tote Fliege**
Dauer	5 Minuten
Altersgruppe	alle
Schwierigkeitsgrad	leicht
Arbeitsform	Einzelarbeit
Requisiten	—

Die Spieler verteilen sich im Raum und legen sich entspannt auf den Rücken. Auf den Zuruf des Spielleiters „Tote Fliege“ hin krümmen sie den Rücken und strecken Arme und Beine – ebenfalls gekrümmt – in die Luft. Diese Körperhaltung erinnert tatsächlich an tote Fliegen auf dem Küchentisch! Auf einen weiteren Zuruf „Entspannung“ hin legen sich alle wieder entspannt auf den Rücken. Bitte mehrmals wiederholen, damit alle schön aufgewärmt sind!

Schwerpunkt	Einstieg und Aufwärmen
Name	**Vom Baumstamm zum Zahnstocher**
Dauer	10–15 Minuten
Altersgruppe	alle
Schwierigkeitsgrad	leicht
Arbeitsform	Einzelarbeit
Requisiten	—

Die Spieler verteilen sich im Raum. Jeder stellt sich vor, dass vor ihm ein Baumstamm liegt, und beginnt diesen Baumstamm mit seinem Arm als Säge zu zersägen. Nach einiger Zeit wird der Arm müde und man nimmt den anderen Arm als Säge. Da es das Ziel ist, den Baumstamm so zu zersägen, dass am Schluss nur noch Zahnstocher übrig sind, geht man den ganzen Körper durch und imaginiert Sägen am Rücken, an der Brust, an den Ellenbogen, an den Hüften, den Knien, den Füßen, einzelnen Fingern, der Nase …

Tipp: Die Übung schult das Körperbewusstsein, die Spieler sollten daher jede Bewegung sorgfältig und genau ausführen.

Schwerpunkt	Einstieg und Aufwärmen
Name	**Namen schreiben**
Dauer	15–20 Minuten
Altersgruppe	alle
Schwierigkeitsgrad	mittel
Arbeitsform	Einzelarbeit und Partnerarbeit
Requisiten	—

Die Spieler verteilen sich im Raum und stellen sich vor, ihre Hand wäre ein großer, dicker Pinsel. Mit diesem Pinsel schreiben sie ihren Namen mal klein, mal groß, mal in Druckbuchstaben, mal in Schreibschrift in den Raum. Nach drei bis vier Schriftzügen wechselt der Pinsel zu der Schulter, der Brust, dem Rücken, dem Po, den Knien, den Füßen, der Nase etc. Anschließend bilden sich Paare und die Paare schreiben gemeinsam mit verschiedenen Körperteilen ihre Namen in den Raum.

Schwerpunkt	Einstieg und Aufwärmen
Name	**Zahlentelefon**
Dauer	5–10 Minuten
Altersgruppe	alle
Schwierigkeitsgrad	mittel
Arbeitsform	ganze Gruppe
Requisiten	—

Die Gruppe stellt sich in U-Form auf und zählt durch, sodass jeder Spieler eine Zahl bekommt. Die Nummer „1" beginnt und nennt die eigene Nummer und eine andere, z.B. „3". Die „3" nennt die eigene Zahl und nennt eine andere: „6" und so weiter. Es dürfen alle Zahlen genannt werden außer den Zahlen der Nachbarn rechts und links und der Zahl der Person, die einen „angerufen" hat. Das Spiel wird auf Geschwindigkeit gespielt, sodass zwangsläufig Fehler gemacht werden. Derjenige, der einen Fehler macht, rutscht an das Ende des „U"s, sodass ein Teil der Gruppe neue Zahlen bekommt.

Schwerpunkt	Einstieg und Aufwärmen
Name	**Toast Hawaii**
Dauer	10–15 Minuten
Altersgruppe	alle
Schwierigkeitsgrad	mittel
Arbeitsform	ganze Gruppe
Requisiten	—

Die Gruppe steht im Kreis, eine Person befindet sich in der Mitte. Diese Person zeigt nun sehr schnell auf einzelne Spieler und ruft ihnen einen der folgenden Begriffe zu: Toast oder Hawaii oder Jäger oder McDonald's. Nun muss die Person, auf die gezeigt wurde, eine bestimmte Bewegung zu dem gerufenen Begriff machen und die beiden Danebenstehenden müssen ebenfalls reagieren.
Im Einzelnen werden folgende Bilder gestellt:

- Toast: Die Person, auf die gezeigt wurde, hüpft wie eine Scheibe Toast auf und ab. Die beiden rechts und links von ihr halten sich an den Händen und bilden so den Toaster, der den Toast umschließt.
- Hawaii: Die Person in der Mitte hebt die Arme in die Höhe und stellt eine Palme dar. Rechts und links davon drehen sich zwei Hula-Mädchen in den Hüften.
- Jäger: Die mittlere Person hält ein Gewehr in der Hand. Rechts und links von ihr stehen ein Hirsch – erkennbar an den Armen, die ein Geweih darstellen – und eine Tanne, die ihre Arme wie zwei Zweige nach unten hält.
- Elefant: Die Person in der Mitte stellt einen Elefanten dar, indem sie mit der linken Hand an ihre Nase greift und den rechten Arm als Rüssel durch den linken Arm schiebt. Die Nachbarn stellen mit ihren Armen zwei große Elefantenohren dar.

Das Spiel wird auf Geschwindigkeit gespielt, und wenn jemand einen Fehler macht, muss er in die Mitte.

Tipp: Ein wunderbares Spiel, das sehr lustig ist und allen Altersgruppen viel Spaß macht.

Schwerpunkt	Einstieg und Aufwärmen
Name	**Name und Geste**
Dauer	10–15 Minuten
Altersgruppe	alle
Schwierigkeitsgrad	mittel
Arbeitsform	ganze Gruppe
Requisiten	—

Die Gruppe steht im Kreis. Jeder stellt sich mit seinem Namen und einer Geste vor. Name und Geste werden von allen im Chor zweimal wiederholt. Wenn alle sich vorgestellt haben, nennt einer seinen Namen und macht seine Geste, direkt im Anschluss daran nennt er den Namen eines anderen Teilnehmers und macht dessen Geste. Dieser nennt seinen eigenen Namen, macht seine Geste und nennt dann den Namen eines weiteren Teilnehmers und macht dessen Geste usw.

Variation: Es wird nur mit den Gesten gearbeitet!

* * *

Schwerpunkt	Einstieg und Aufwärmen
Name	**Farben und Gemüse weitergeben**
Dauer	5–10 Minuten
Altersgruppe	ab 16 Jahren
Schwierigkeitsgrad	anspruchsvoll
Arbeitsform	ganze Gruppe
Requisiten	—

Die Spieler stehen im Kreis. Ein Spieler denkt sich eine Farbe aus und gibt sie mit einer Handbewegung an den nächsten Spieler weiter. Der wiederholt die Farbe und gibt eine neue an den nächsten Spieler. Der wiederholt die letzte Farbe und gibt eine neue weiter usw. Die Reihenfolge wird einige Male wiederholt.

Im zweiten Schritt denkt sich ein anderer Spieler ein Gemüse (Namen etc.) aus und gibt dieses wie oben weiter. Dann werden beide Übungen gemischt: Man fängt mit der Farbe in der gewohnten Reihenfolge an. Dann gibt der Spielleiter das Gemüse dazu. Jeder muss versuchen, seine Farbe und sein Gemüse weiterzugeben. Wenn die Farbe oder das Gemüse nicht angekommen sind, muss man sie bzw. es wiederholen, bis der Adressat es gemerkt hat.

Variation: Ein Spieler zeigt auf einen anderen Spieler und sagt „Du"; dann muss der Angesprochene seinen Platz freigeben, damit ein anderer diesen Platz einnehmen kann. Gleichzeitig spricht der Angesprochene einen anderen Spieler mit „Du" an, der wiederum seinen Platz räumen muss. Zusätzlich kann man, wie oben, noch Farben und Gemüse ins Spiel bringen.

Tipp: Das Spiel ist eine hervorragende Übung, verlangt jedoch hohe Konzentration. Man sollte daher langsam beginnen, damit sich alle an die Anforderungen gewöhnen und erst zur nächsten Runde übergehen, wenn es einigermaßen klappt.

* * *

Schwerpunkt	Einstieg und Aufwärmen
Name	**Kevin allein zuhause**
Dauer	10 Minuten
Altersgruppe	alle
Schwierigkeitsgrad	leicht
Arbeitsform	ganze Gruppe
Requisiten	—

Alle stehen im Kreis und schauen auf den Boden. Jeder überlegt sich, wem er in die Augen schauen will. Auf ein Zeichen des Spielleiters hin schauen alle auf und ihrer Wunschperson in die Augen. Die Paare, die direkten Augenkontakt haben, erschrecken sich fürchterlich, schreien lauthals und scheiden aus dem Kreis aus. Für die anderen beginnt das Spiel von Neuem. Das Spiel wird so oft gespielt, bis nur noch zwei Spieler übrig geblieben sind.

Tipp: Dies ist ein Spiel, das laut und lustig ist; ein echter Energiespender und Wachmacher.

Schwerpunkt	Einstieg und Aufwärmen
Name	**Wildschwein und Baum**
Dauer	5–10 Minuten
Altersgruppe	alle
Schwierigkeitsgrad	leicht
Arbeitsform	Partnerarbeit
Requisiten	—

Die Spieler stellen sich paarweise Rücken an Rücken auf. Jeder stellt sich vor, er sei ein Wildschwein und der andere ein Baum. Und was machen Wildschweine, wenn sie an einem Baum stehen? Sie reiben sich daran! Gleichzeitig reiben die Spieler also ihre Rücken aneinander und lustvolles Grunzen und Stöhnen ist durchaus erwünscht!

Schwerpunkt	Einstieg und Aufwärmen
Name	**Klatsch-Dialog**
Dauer	5–10 Minuten
Altersgruppe	ab 15 Jahren
Schwierigkeitsgrad	mittel
Arbeitsform	Partnerarbeit
Requisiten	—

Die Paare verteilen sich im Raum und stellen sich einander gegenüber auf. Einer beginnt, indem er den anderen „anklatscht". Dieser antwortet ebenfalls mit einem Klatschen in die Hände. Abwechselnd klatschen nun beide in die Hände, wobei sie die Art des Klatschens in der Lautstärke, der Dynamik oder im Tempo variieren und dabei auf das vorhergegangene Klatschen ihres Partners eingehen: mal leise, mal laut, schnell oder langsam etc. ... Nach und nach unterstützt der ganze Körper das Klatschen. Es entsteht ein Dialog.

Tipp: Man kann die Spieler ermutigen, leise Variationen im Klatschen zu finden – es geht nicht um große Bewegungen oder viel Lärm.

Schwerpunkt	Einstieg und Aufwärmen
Name	**Körperteile benennen**
Dauer	5–10 Minuten
Altersgruppe	ab 15 Jahren
Schwierigkeitsgrad	mittel
Arbeitsform	Partnerarbeit
Requisiten	—

Die Paare verteilen sich im Raum und die Spieler stehen sich gegenüber. Einer beginnt, indem er auf alle Körperteile des Partners zeigt und sie benennt. Das Zeigen und Benennen sollte möglichst zügig durchgeführt werden. Anschließend wird gewechselt.
In der zweiten Runde wird das Benennen der Körperteile zeitlich begrenzt, z.B. auf eine Minute. Zusätzlich sollen die benannten Körperteile gezählt werden, sodass am Ende derjenige gewonnen hat, der die meisten Körperteile benennen konnte.

* * *

Schwerpunkt	Einstieg und Aufwärmen
Name	**Beschützer und Verfolger**
Dauer	10–15 Minuten
Altersgruppe	alle
Schwierigkeitsgrad	leicht
Arbeitsform	ganze Gruppe
Requisiten	—

Die Spieler verteilen sich im Raum. Jeder Spieler sucht sich eine andere anwesende Person aus, die ihn verfolgt, und eine weitere Person, die ihn vor seinem Verfolger beschützen soll, ohne diese Personen zu nennen. Auf Kommando bewegen sich alle durch den Raum. Die Aufgabe eines jeden Mitspielers ist es nun dafür zu sorgen, dass sein Beschützer sich immer zwischen ihm und seinem Verfolger befindet. Da alle Spieler diese Aufgabe haben, ergibt sich ein aufgeregtes Hin- und Herlaufen, das nicht nur Spaß macht, sondern auch die gesamte Gruppe in Schwung bringt.

Schwerpunkt	Einstieg und Aufwärmen
Name	**Gänge ausprobieren**
Dauer	10 Minuten
Altersgruppe	alle
Schwierigkeitsgrad	leicht
Arbeitsform	ganze Gruppe
Requisiten	—

Die Gruppe verteilt sich im Raum, alle gehen möglichst schweigend umher, ohne sich zu berühren. Der Spielleiter regt durch Anweisungen und Beschreibung der Umgebung verschiedene Gangarten an:

- Zuerst geht die Gruppe im normalen Tempo durch den Raum – möglichst jeder für sich.
- Dann gehen alle schneller und schneller – ohne direkt zu laufen – und stellen sich dabei vor: „Oh Gott, ich komme zu spät." Der Spielleiter achtet darauf, dass die Gruppe nicht nur im Kreis geht, sondern sich durcheinander mischt – ohne sich zu berühren.
- Dann gehen alle wieder langsamer, machen einen gemütlichen Schaufensterbummel und schauen sich dabei die Details des Raumes genauer an.
- Das Tempo wird langsam so weit reduziert, bis alle versuchen, sich im Zeitlupentempo zu bewegen. Dabei sollte von allem auf langsame Bewegungen geachtet werden: Füße abrollen, Arme langsam bewegen.
- Anschließend kann sich die Gruppe bei normalem Gehen entspannen.
- Nun weist der Spielleiter auf verschiedene Untergründe hin: „Achtung, heißer Sand" – alle hüpfen auf den Zehenspitzen. „Jetzt sind wir im Morast gelandet" – man kann die Füße nur noch schwer aus dem Schlamm ziehen.
- Die Gruppe gerät in Wasser und muss die Füße halbhoch heben. Zum Schluss humpeln alle nach Hause, weil ihnen die Füße weh tun.
- Oder sie gehen fröhlich nach Hause, denn die Schule ist aus.
- Zum Abschluss folgt das Bewegungsspiel: „Follow the leader": Der Spielleiter macht auffällige Bewegungen beim Gehen (Humpeln, Rückwärtsgehen), die ganze Gruppe imitiert diese Bewegungen. Dann wird ein Spieler abgeklatscht, dieser setzt das fort.

Tipp: Je nach Größe kann man die Gruppe für diese Spiele auch halbieren – die anderen gucken zu!
Zu Beginn werden sich die Gruppen meist noch unterhalten. Man sollte daran erinnern, dass man sich am besten auf sich selbst konzentriert – dann lassen die Gespräche langsam nach.

Schwerpunkt	Einstieg und Aufwärmen
Name	**Magnet im Raum**
Dauer	10–15 Minuten
Altersgruppe	alle
Schwierigkeitsgrad	mittel
Arbeitsform	ganze Gruppe
Requisiten	—

Alle Spieler verteilen sich im Raum. Jeder stellt sich vor, dass verschiedene Stellen, z.B. eine Wand, eine Ecke, ein Möbelstück …, nacheinander plötzlich magnetische Kräfte bekommen und ihn mit einem kräftigen Sog zu sich hinziehen. Kaum ist ein Magnet erreicht, wird die Kraft eines anderen Magnetfeldes so groß, dass der Spieler nun zu dieser Stelle gezogen wird. Alle Spieler bewegen sich daher mit großer Geschwindigkeit kreuz und quer durch den Raum, möglichst ohne sich zu berühren oder gar zusammenzustoßen.
Tipp: Um die Vorstellung magnetischer Kräfte zu erleichtern, kann man das gemeinsam üben: Was passiert, wenn einen das Magnetfeld anzieht? Wie reagiert der Köper, welcher Körperteil wird zuerst angezogen, wie bewegt man sich?
Variation: Die Pinball-Maschine
Die Spieler werden nicht angezogen, sondern wie Kugeln in einer Pinball-Maschine von bestimmten Stellen im Raum abgestoßen.

Schwerpunkt	Einstieg und Aufwärmen
Name	**Seufz! Stöhn! Juchhu!**
Dauer	5 Minuten
Altersgruppe	alle
Schwierigkeitsgrad	leicht
Arbeitsform	Einzelarbeit
Requisiten	—

Die Spieler gehen kreuz und quer durch den Raum. Jeder macht eine Bewegung und einen Ton, die ausdrücken, wie er sich gerade fühlt. Bewegung und Ton werden wiederholt und dabei immer größer und lauter bis zum Maximum.

Schwerpunkt	Einstieg und Aufwärmen
Name	**Simon sagt**
Dauer	10 Minuten
Altersgruppe	alle
Schwierigkeitsgrad	mittel
Arbeitsform	ganze Gruppe
Requisiten	—

Alle Spieler gehen durch den Raum und der Spielleiter gibt ihnen Anweisungen, was sie tun sollen, z.B. stehen bleiben, rückwärts gehen, auf einem Bein hüpfen, usw. Die Spieler dürfen diese Anweisungen aber nur dann befolgen, wenn der Spielleiter die Anweisung mit den Worten „Simon sagt“ begonnen hat.
Das Spiel endet mit der Anweisung: „Simon sagt: Das Spiel ist vorbei.“

Schwerpunkt	Einstieg und Aufwärmen
Name	**Gehen in Winkeln und Kurven**
Dauer	10–15 Minuten
Altersgruppe	alle
Schwierigkeitsgrad	mittel
Arbeitsform	ganze Gruppe
Requisiten	—

Alle Spieler gehen zunächst zügig kreuz und quer durch den ganzen Raum. Dann gehen sie nur noch gerade Strecken und ändern die Richtung, indem sie eine 90-Grad-Drehung auf der Stelle machen. Die zügige Geschwindigkeit sollte beibehalten werden, ohne dass es zu Berührungen oder gar Zusammenstößen kommt. Anschließend gehen die Spieler wieder normal durch den Raum, um sich dann mit möglichst vielen Kurven durch den Raum zu bewegen. Wieder sollte weiterhin zügig gegangen werden. Nach einer Zeit des normalen Gehens entscheiden die Spieler sich für eine Gangart. Während sie gehen, wird der Raum, der ihnen zur Verfügung steht, mehr und mehr verkleinert, sodass es immer schwieriger wird, Zusammenstöße und Berührungen zu vermeiden.

* * *

Schwerpunkt	Einstieg und Aufwärmen
Name	**Katz und Maus**
Dauer	10–15 Minuten
Altersgruppe	alle
Schwierigkeitsgrad	leicht
Arbeitsform	ganze Gruppe
Requisiten	—

Die Gruppe verteilt sich im Raum. Ein Teilnehmer versucht als „Katze“ die „Mäuse“ abzuschlagen. Aber: Immer, wenn zwei Mäuse zusammenstehen und sich umarmen, sind sie für die Katze tabu. Die Mäuse dürfen allerdings nur kurz zusammenhalten und müssen den Partner wechseln, wenn die Gefahr vorbei ist.

Variation: Wenn drei, vier … Mäuse zusammenstehen, sind sie für die Katze tabu.

Tipp: Da dieses Spiel zu relativ viel Körperkontakt führt, sollte es nur mit Gruppen durchgeführt werden, die sich schon kennen und keine Probleme mit Körperkontakt haben.

Schwerpunkt	Einstieg und Aufwärmen
Name	**Reaktions- und Bewegungsspiele**
Dauer	15–30 Minuten
Altersgruppe	alle
Schwierigkeitsgrad	leicht
Arbeitsform	ganze Gruppe
Requisiten	—

Stopp – Los

Die Spieler stehen verstreut im Raum. Sobald einer „Los“ ruft, fangen alle an, durch den Raum zu laufen. Ruft dann einer „Stopp“, bleiben alle sofort stehen. Das Spiel erfordert von den Spielern sehr viel Konzentration. Zum Einstieg ist es oft sinnvoll, dass nur der Spielleiter die Kommandos gibt.

Einhaken

Alle haken sich zu zweit unter und verteilen sich in einem großen Kreis. Zwei Mitspieler haken sich nicht unter. Einer ist der Fänger, der andere das Opfer. Das Opfer ist in Sicherheit, wenn es sich bei einem Paar auf einer Seite einhakt. Der auf der anderen Seite muss loslassen und wird zum Opfer. Wenn das Opfer gefangen wird, wird es zum Fänger.

Baum

Ein Greifspiel mit einem Fänger oder zwei Fängern, je nach Gruppengröße. Die Fänger schlagen die Spieler ab. Jeder abgeschlagene Spieler wird zum Baum, d.h. er muss sofort an der Stelle, an der er abgeschlagen wurde, mit gespreizten Beinen stehen bleiben. Er kann von seinen freien Mitspielern befreit werden und wieder laufen, wenn einer durch seine Beine schlüpft. Das Spiel ist zu Ende, wenn alle Spieler Bäume sind.

Fischernetz

Ein Fangenspiel, bei dem sich zwei Spieler an den Händen fassen und versuchen andere zu fangen, indem sie sie mit den Armen einschließen. Der Gefangene vergrößert den Fängerkreis, indem er die beiden anderen Fänger an den Händen fasst. Besteht die Fängergruppe aus vier Fängern, teilt sie sich in zwei Gruppen à zwei Personen.

Glocke

Um Konzentration zu üben, ruft der Spielleiter während eines Spiels – gleich, was gerade gemacht wird – „Glocke“. Die Spieler müssen sofort reagieren, indem sie mit „Ding-Dong“ antworten.

Variation: Der Spielleiter ruft eine Zahl, z.B. „14“. Die Spieler antworten, indem sie die Zahl verdoppeln: „28“.

Tipp: Diese Bewegungsspiele lockern auf und bringen Gruppen in Bewegung. Man kann die Spiele mischen oder auch nur ein Spiel aussuchen, je nach Stimmung und Zeit. Sie sollten nicht zu lange dauern, damit die Konzentration nicht verloren geht.

Schwerpunkt	Einstieg und Aufwärmen
Name	**Farben fangen**
Dauer	10–15 Minuten
Altersgruppe	alle
Schwierigkeitsgrad	leicht
Arbeitsform	ganze Gruppe
Requisiten	—

Ein Fangenspiel, bei dem der Abgeschlagene der neue Fänger ist. Jeder Fänger gibt aber, bevor er startet, bekannt, welche Farbe Sicherheit bietet. Berühren die anderen einen Gegenstand in dieser Farbe, können sie nicht abgeschlagen werden.

Schwerpunkt	Einstieg und Aufwärmen
Name	**Namen fangen**
Dauer	10–15 Minuten
Altersgruppe	alle
Schwierigkeitsgrad	mittel
Arbeitsform	ganze Gruppe
Requisiten	—

Zunächst ein übliches Fangenspiel, bei dem ein Fänger versucht jemanden abzuschlagen, der dann der neue Fänger ist. Wer in Gefahr ist, kann sich jedoch dadurch retten, dass er den Namen eines anderen Teilnehmers ruft, der dann der neue Fänger ist. Wer aber abgeschlagen wird, bevor er einen Namen ruft, ist der neue Fänger.

* * *

Schwerpunkt	Einstieg und Aufwärmen
Name	**Po abschlagen**
Dauer	5–10 Minuten
Altersgruppe	ab 16 Jahren
Schwierigkeitsgrad	leicht
Arbeitsform	ganze Gruppe
Requisiten	—

Alle stehen in einem Kreis, allerdings so nah beieinander, dass man den Po des Nachbarn mit den Händen erreichen kann. Zunächst nehmen jedoch alle Spieler ihre Hände nach vorn. Auf ein Zeichen des Spielleiters hin versucht nun jeder so viele Pos wie möglich abzuschlagen, denn die Abgeschlagenen scheiden aus. Sieger ist, wer als Letzter übrig bleibt.

Tipp: Man darf sich bei diesem Spiel bewegen!

Schwerpunkt	Einstieg und Aufwärmen
Name	**Die Lachstraße**
Dauer	10 Minuten
Altersgruppe	alle
Schwierigkeitsgrad	leicht
Arbeitsform	ganze Gruppe
Requisiten	—

Es werden zwei Gruppen gebildet. Eine Gruppe bildet eine Gasse. Die andere Gruppe bestimmt drei bis fünf Läufer, die durch die Gasse der anderen Gruppe hindurchgehen. Ziel der Gasse ist es, die Läufer durch Grimassen, Verrenkungen, witzige Bemerkungen etc. zum Lachen zu bringen, ohne sie anzufassen. Die Läufer dürfen keine Miene verziehen.

Dann wird gewechselt – die andere Gruppe bildet die Gasse. Sieger ist die Gruppe, bei der die meisten Läufer ohne Lachen durch die Gasse gehen konnten.

Schwerpunkt	Einstieg und Aufwärmen
Name	**Lustige Wettläufe**
Dauer	10 Minuten
Altersgruppe	alle
Schwierigkeitsgrad	leicht
Arbeitsform	ganze Gruppe
Requisiten	—

Wettlauf in Zeitlupe

Bei diesem Wettlauf ist der Letzte der Sieger. Alle bewegen sich so langsam wie nur möglich. Man darf die Bewegung nicht unterbrechen und nicht stehen bleiben. Man muss auf jeden Fall bei jedem Schritt vorwärts kommen, möglichst große Schritte machen und die Füße über Kniehöhe anheben.

Wettrennen mit drei Füßen

Bei diesem Wettrennen – es treten immer zwei Kleingruppen gegeneinander an – geht es darum, dass jede Kleingruppe à drei Personen eine bestimmte Strecke überwindet, aber insgesamt nur drei Füße den Boden berühren dürfen. Das Ziel ist nicht die schnellste Fortbewegungsart, sondern die originellste.

Schwerpunkt	Einstieg und Aufwärmen
Name	**Ich bin nicht ich!**
Dauer	10 – 15 Minuten
Altersgruppe	alle
Schwierigkeitsgrad	anspruchsvoll
Arbeitsform	ganze Gruppe (für dieses Spiel braucht man eine ungerade Teilnehmerzahl!)
Requisiten	—

Die Gruppe steht paarweise im Kreis, einer bleibt übrig. Jeder erhält nun den Namen seines Partners. Der Einzelne ruft nun einen Spieler zu sich, um ebenfalls ein Paar zu bilden und die Namen zu tauschen. Es läuft aber nicht derjenige zu ihm, der tatsächlich so heißt, sondern dessen Partner, denn man hat ja die Namen getauscht. Der Partner wiederum versucht den Flüchtenden festzuhalten.

Wahrnehmen und Vertrauen gewinnen

Nach den lockeren Spielen im ersten Schwerpunkt geht es hier darum, Sensibilität für die Mitspieler und die Gruppe insgesamt zu entwickeln: In vielen Partner- und Gruppenübungen entwickeln die Spieler ein Gefühl für den eigenen Körper, werden Balance und Wahrnehmung trainiert, lernen die Spieler aufeinander zu vertrauen und sich gegenseitig zu helfen.

Die Spiele sind so angeordnet, dass die Anforderungen allmählich komplexer werden:

- Einzelarbeit
- Partnerarbeit und Kleingruppen
- Spiele mit der ganzen Gruppe

Rücken an Rücken gehen

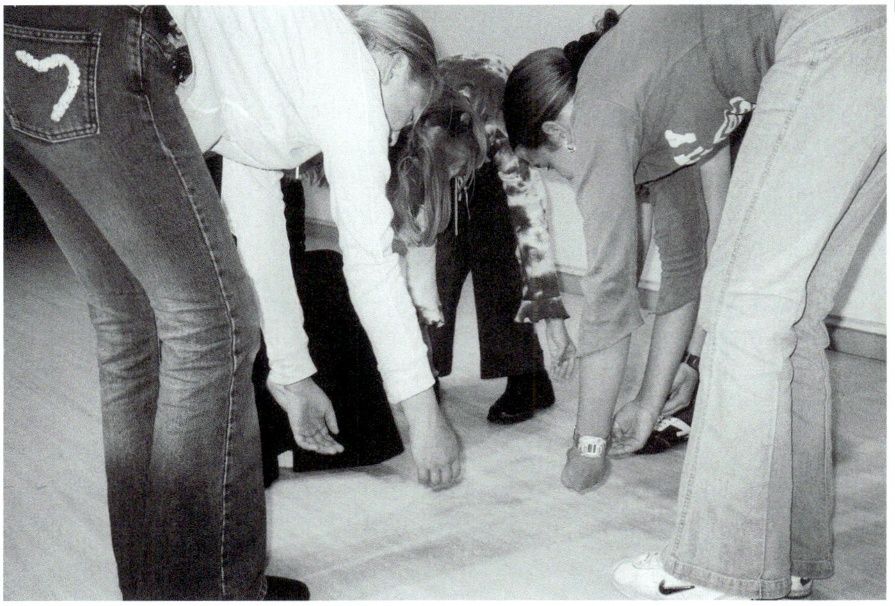

Glasplatte

Schwerpunkt	Wahrnehmen und Vertrauen gewinnen
Name	**Entdecke deinen Körper – Isolationsübungen**
Dauer	5–10 Minuten
Altersgruppe	alle
Schwierigkeitsgrad	leicht
Arbeitsform	Einzelarbeit – ganze Gruppe
Requisiten	—

Die Gruppe stellt sich in einem lockeren, nicht zu engen Kreis auf, sodass jeder genug Bewegungsfreiheit hat.
Auf Anweisung des Spielleiters werden von oben nach unten verschiedene Körperteile aktiviert, um die Bewegungen bewusst zu erleben:

- Man stellt sich vor, am Kopf ist wie bei einer Marionette ein unsichtbares Seil befestigt, das nach oben zieht. Der Kopf geht soweit nach oben, wie es geht, ebenso streckt sich der übrige Körper.
- Nun testet man die Beweglichkeit: Der Kopf schaut auf Anweisung des Spielleiters nach links, halblinks, gerade, halbrechts und rechts. Anfangs geht es langsam der Reihe nach (Vorsicht, nicht zur Seite überdehnen!), später werden die Richtungen ohne Zusammenhang angesagt, das fördert die Konzentration.
- Als Nächstes entwickeln die Schultern ein Eigenleben: Alle heben und senken die Schultern, strecken sie nach hinten und ziehen sie vorne zusammen. Daraus wird langsam eine gleitende Bewegung, die alle vier Richtungen verbindet. Zur Entspannung lässt man die Arme wie Windmühlenflügel kreisen, ohne sich anzustrengen. Auf Kommando stoppt das Kreisen an einer beliebigen Stelle, sodass die Arme wie Flügel in der Luft stehen.
- Die Gruppe konzentriert sich auf die Hüften: Man legt einen Finger rechts oder links an die Hüfte und versucht diese leicht zur Seite zu drücken, der übrige Körper bleibt möglichst unbewegt. Dann schwingen die Hüften in einer kleinen Kreisbewegung, als bewege man einen unsichtbaren Hula-Hupp-Reifen.
- Nun stellt man die Füße eng zusammen und versucht mit leicht gebeugten Knieen den eigenen Namen auf den Boden vor sich zu schreiben, in großen oder kleinen Buchstaben. Ist das Prinzip erst einmal geläufig, kann man zu anderen Wörtern übergehen.
- Zum Abschluss stehen die Füße im Mittelpunkt: Man stellt sich locker auf, hebt ein Bein ca. 10 cm vom Boden weg und zieht dann die Zehen in Richtung Oberkörper – man spürt ein leichtes Ziehen im Oberschenkel. Wenn man sicher steht, fixiert man einen Punkt (möglichst keine Person!) und versucht dann für 5–10 Sekunden die Augen zu schließen.

Tipp: Die Isolationsübungen trainieren ein bewusstes und konzentriertes Arbeiten mit dem eigenen Körper. Es geht jedoch nicht um sportliche Herausforderungen und Krafteinsatz, die Übungen sollen sanft und konzentriert die Beherrschung einzelner Körperteile trainieren. Es ist sinnvoll, die Übungen selbst auszuprobieren, bevor man mit einer Gruppe arbeitet.

Schwerpunkt	Wahrnehmen und Vertrauen gewinnen
Name	**Der gute Stand**
Dauer	5–10 Minuten
Altersgruppe	alle
Schwierigkeitsgrad	mittel
Arbeitsform	Einzelarbeit
Requisiten	—

Die Spieler verteilen sich im Raum und stellen sich hüftbreit hin. Die Knie sind leicht gebeugt. Dann stellt sich jeder vor, auf seinem Kopf sei ein Pinsel. Der Pinsel malt zunächst Linien an die Decke des Raumes, dann Kreise, eine 8, andere Figuren und Muster. Die Spieler beobachten dabei, wie sich das Gewicht verlagert.

Variation: Die Spieler machen die Übung mit geschlossenen Augen.

***

Schwerpunkt	Wahrnehmen und Vertrauen gewinnen
Name	**Blinde führen**
Dauer	10 Minuten
Altersgruppe	alle
Schwierigkeitsgrad	leicht
Arbeitsform	ganze Gruppe – Partnerarbeit
Requisiten	—

Es werden Paare gebildet. Einer schließt die Augen. Der andere führt ihn durch den Raum, indem er ihn an der Hand hält. Über den Handkontakt können Signale bei Treppen o.Ä. gegeben werden. Die Geschwindigkeit kann gesteigert werden. Dann wird gewechselt. Der Führende kann seinen Partner auch leiten, indem er Töne macht. Bei dieser Übung ist es besonders wichtig, dass es im Raum ruhig ist.

Variation: Es wird im Raum ein Parcours mit Hindernissen aufgebaut: Stühle, Taschen etc., sodass man gerade hindurch gehen kann. Einem Partner werden die Augen verbunden. Sein Partner stellt sich auf die andere Seite des Parcours und versucht seinen Partner mit Geräuschen so durch die Hindernisse zu lotsen, dass er nirgends anstößt. Falls dieser doch ein Hindernis berührt, ist das Spiel vorbei.

Tipp: Es sind keine Worte erlaubt, sondern nur Geräusche, die positive Zustimmung (richtige Richtung) oder Missfallen (Zusammenstoß droht!) ausdrücken.

Schwerpunkt	Wahrnehmen und Vertrauen gewinnen
Name	**Balanceübungen**
Dauer	10 Minuten
Altersgruppe	alle
Schwierigkeitsgrad	mittel
Arbeitsform	Partnerarbeit
Requisiten	—

Es stehen sich Paare gegenüber. Die Füße sind geschlossen, die Fußspitzen stoßen aneinander, die Partner halten sich an den Handgelenken. Sie strecken die Arme, lassen sich beide gleichzeitig langsam nach hinten fallen und balancieren ihr Gewicht aus. Wichtig ist, dass die Körper steif wie ein Brett gehalten werden. Aus dieser Position kann man in die Hocke gehen und wieder hochkommen. Die Arme müssen die ganze Zeit gestreckt sein. Variation: Dieselbe Ausgangsposition, nur mit einem Arm oder auf einem Bein.

Die Paare stehen nebeneinander, die Füße berühren sich seitlich. Die Partner reichen sich die Hände, strecken langsam die Arme und kippen zur Seite. Der Körper bleibt ganz steif. Ist die äußerste Position erreicht, können die Partner ein Bein vom Boden abheben. Anschließend werden die Arme wieder angezogen und man kehrt in die Ausgangsposition zurück.

Die Partner stehen breitbeinig Rücken an Rücken und haken sich mit den Armen ein. Beide gehen gleichzeitig mit dem Gesäß gerade nach unten, indem sie die Knie beugen. Durch Aneinanderpressen der Wirbelsäulen drücken sie sich nach oben.

Tipp: Die Übungen verlangen Konzentration und Aufmerksamkeit von den Partnern, da sie füreinander Verantwortung übernehmen. Die Übungen sollten daher langsam und sorgfältig ausgeführt werden.

Schwerpunkt	Wahrnehmen und Vertrauen gewinnen
Name	**Einen Partner hin- und herwiegen**
Dauer	5 Minuten
Altersgruppe	alle
Schwierigkeitsgrad	leicht
Arbeitsform	Kleingruppe
Requisiten	—

Es werden Kleingruppen à drei Personen gebildet. Ein Spieler steht zwischen zwei anderen mit jeweils einem halben Meter Abstand. Der in der Mitte Stehende macht den ganzen Körper steif und lässt sich nach vorne fallen. Sein vor ihm stehender Partner fängt ihn auf und gibt ihm dann einen kleinen Stoß, sodass er nach hinten zu dem anderen Partner fällt. Dieser fängt ihn wieder auf und gibt ihm einen kleinen Stoß. Der Spieler in der Mitte wird auf diese Weise zwischen seinen Partnern hin- und hergewiegt. Nach ein paar Minuten wird gewechselt.

Tipp: Anfangs sollten die außen Stehenden den mittleren Spieler sehr früh abfangen, bis sie langsam ein Gefühl für das Gewicht entwickeln. Die Übung ist dann richtig, wenn der Spieler in der Mitte sich entspannt fühlt.

Schwerpunkt	Wahrnehmen und Vertrauen gewinnen
Name	**Mit dem Rücken wahrnehmen**
Dauer	5 Minuten
Altersgruppe	alle
Schwierigkeitsgrad	mittel
Arbeitsform	Partnerarbeit
Requisiten	—

Es werden Paare gebildet. Die Partner stellen sich in einiger Entfernung (3 bis 4 Meter) mit dem Rücken zueinander auf. Mit geschlossenen Augen gehen sie rückwärts aufeinander zu. Ziel ist es, dabei möglichst gerade zu gehen und mit einem minimalen Abstand zueinander stehen zu bleiben oder sich ganz sanft zu berühren. Diese Übung erfordert von den Spielern einige Konzentration, besonders auf ihren Rücken. Die Zuschauer sollten möglichst ruhig sein.

Tipp: Auch diese Übung kann ruhig wiederholt werden.

Schwerpunkt	Wahrnehmen und Vertrauen gewinnen
Name	**Statuen und Bilder stellen**
Dauer	10 Minuten
Altersgruppe	alle
Schwierigkeitsgrad	mittel
Arbeitsform	Kleingruppen
Requisiten	—

Bilder stellen
Es werden Kleingruppen (4 bis 5 Personen) gebildet. Jede Gruppe wählt einen Bildhauer. Dieser bekommt vom Spielleiter die Aufgabe, zu einem bestimmten Thema (z.B. Familie, Schule, Sportarten, Schaufensterdekorationen) mit seinen Mitspielern ein Bild zu stellen. Der Bildhauer arrangiert die Figuren, indem er den Körper, die Arme, Beine etc. in die von ihm gewünschte Stellung bringt. Die Mitspieler müssen willenlos – wie Marionetten – alles mitmachen und die Positionen halten. Der Rest der Gruppe rät, welches Thema dargestellt ist.
Tipp: Die Bildhauer müssen sehr vorsichtig und sensibel agieren, weil nicht jedes Gelenk in jede Richtung drehbar ist. Sie sollten sofort merken, wenn die Bewegung für die Mitspieler nicht angenehm ist.

Statuen bauen
Es werden Kleingruppen à drei Personen gebildet. Die einzelnen Gruppen haben die Aufgabe, Statuen zu bilden. Die Statuen dürfen aber z.B. nur mit zwei Händen, einem Fuß, einem Hintern den Boden berühren. Durch Abstimmung wird die originellste Statue ermittelt.

Märchen in Bildern darstellen
Jede Gruppe zieht einen Zettel, auf dem der Name eines Märchens steht. Die Gruppen denken sich fünf oder sechs Bilder zu diesem Märchen aus und stellen sie als Standbild dar. Zwischen den einzelnen Bildern sollte der Raum verdunkelt werden; falls das nicht möglich ist, schließen die Zuschauer die Augen. Nach dem letzten Bild raten die Zuschauer, welches Märchen dargestellt wurde.

Schwerpunkt	Wahrnehmen und Vertrauen gewinnen
Name	**Gespräch mit dem Rücken**
Dauer	5–10 Minuten
Altersgruppe	ab 15 Jahren
Schwierigkeitsgrad	mittel
Arbeitsform	Partnerarbeit
Requisiten	—

Die Paare setzen sich Rücken an Rücken auf den Boden und schließen die Augen. Sie führen ein stummes Gespräch ohne Worte, indem sie ausschließlich mit dem Rücken kommunizieren, ihre Rücken aneinander reiben, drücken und fühlen etc. Nach der Übung sollte den Teilnehmern Gelegenheit gegeben werden, sich kurz verbal über die Übung auszutauschen.

Variation: Diese Übung kann auch gegenübersitzend mit den Füßen oder nur mit den Augen durchgeführt werden.

Schwerpunkt	Wahrnehmen und Vertrauen gewinnen
Name	**Rücken an Rücken gehen**
Dauer	5–10 Minuten
Altersgruppe	alle
Schwierigkeitsgrad	mittel
Arbeitsform	Partnerarbeit
Requisiten	—

Die Paare stellen sich Rücken an Rücken auf. Gemeinsam gehen sie durch den Raum ohne sich abzusprechen. Sie sollen bewusst wahrnehmen, wer führt, wer folgt und wie Richtungswechsel vorgenommen werden.

Tipp: Nach der Übung sollen die Spieler Gelegenheit haben, sich über ihre Erfahrungen und Erlebnisse auszutauschen.

Schwerpunkt	Wahrnehmen und Vertrauen gewinnen
Name	**Roboter-Spiel**
Dauer	10–15 Minuten
Altersgruppe	alle
Schwierigkeitsgrad	mittel
Arbeitsform	Partnerarbeit
Requisiten	—

Die Paare sprechen ab, wer „A“ und wer „B“ ist. „A“ ist in der ersten Spielrunde ein Roboter und läuft mit geschlossenen Augen durch den Raum. Der Roboter reagiert auf folgende vier Berührungen:

- Hand auf den Kopf gelegt bedeutet „Stopp“.
- Hand auf der rechten Schulter bedeutet 90-Grad-Drehung nach rechts.
- Hand auf der linken Schulter bedeutet 90-Grad-Drehung nach links.
- Hand auf den Rücken steht für „Weiter“.

Nach einer Weile wird gewechselt.

Tipp: Es erleichtert das Spiel, wenn die Roboter am Anfang langsam gehen.

Schwerpunkt	Wahrnehmen und Vertrauen gewinnen
Name	**Brot kneten**
Dauer	10–20 Minuten
Altersgruppe	alle
Schwierigkeitsgrad	mittel
Arbeitsform	Partnerarbeit
Requisiten	—

Einer der beiden legt sich auf den Bauch. Der andere stellt sich vor, einen Brotteig vor sich zu haben, der kräftig geknetet werden muss. Dementsprechend knetet und walkt er den gesamten Körper seines Partners durch. Bei vertrauten Personen kann auch die Vorderseite bearbeitet werden. Anschließend wird mit streichenden Bewegungen das restliche „Mehl“ abgestrichen.

Schwerpunkt	Wahrnehmen und Vertrauen gewinnen
Name	**Finde deinen Partner!**
Dauer	10–15 Minuten
Altersgruppe	alle
Schwierigkeitsgrad	anspruchsvoll
Arbeitsform	Partnerarbeit
Requisiten	—

Die Spieler bilden Paare, stellen sich voreinander hin und strecken die Hände aus. Dann schließen sie die Augen und betasten gegenseitig ihre Hände. Sie versuchen sich die Hände des Partners möglichst genau einzuprägen.
In der nächsten Phase verteilen sich die Spieler einzeln und möglichst weit entfernt von ihrem Partner im ganzen Raum. Wieder schließen sie die Augen. (Achtung Spielleiter: Wahrscheinlich haben sich einige gemerkt, wo ihre Partner stehen. Wer möchte, kann jetzt den Schwierigkeitsgrad erhöhen und einige Spieler zu einer anderen Stelle im Raum bringen!) Nun versuchen alle mit geschlossenen Augen anhand der Hände ihre Partner wiederzufinden.
Haben sich zwei gefunden, bleiben sie stehen und halten sich weiterhin an den Händen, um denen, die noch suchen, das Zeichen zu geben, dass sich hier schon zwei gefunden haben. Das Spiel endet, wenn alle ihre Partner gefunden haben.

Variation: Dieses Spiel kann auch so gespielt werden, dass die Partner sich nicht anhand ihrer Hände wiedererkennen, sondern anhand von Tönen.

Schwerpunkt	Wahrnehmen und Vertrauen gewinnen
Name	**Hinlegen nach Anweisung**
Dauer	5–10 Minuten
Altersgruppe	alle
Schwierigkeitsgrad	anspruchsvoll
Arbeitsform	Partnerarbeit
Requisiten	—

Es werden Paare gebildet und beide Partner stehen. Nun soll einer der beiden sich auf den Rücken legen, indem sein Partner ihm Anweisungen gibt, was er tun soll. Die Anweisungen müssen sehr detailliert sein und jede einzelne Bewegung benennen. Derjenige, der sich legt, tut nur genau genau das, was sein Partner ihm sagt. Anweisungen wie z.B. „setze dich" sind zu allgemein und gelten nicht, sondern es soll jede einzelne Bewegung genannt werden, z.B. „Gehe so tief wie möglich in die Knie."

Schwerpunkt	Wahrnehmen und Vertrauen gewinnen
Name	**Reiten auf einem Partner**
Dauer	10 Minuten
Altersgruppe	ab 10 Jahren
Schwierigkeitsgrad	mittel
Arbeitsform	Partnerarbeit
Requisiten	—

Es werden Paare gebildet. Ein Partner kniet am Boden. Der andere setzt sich auf seinen Partner, aber recht weit hinten, also nicht mitten auf den Rücken, sondern mehr auf den Po des Knieenden. Der „Reiter" legt seine Beine über die Schultern seines „Pferdes". Er darf sich nicht festhalten. Das „Pferd" geht jetzt auf allen Vieren langsam los. Der „Reiter" balanciert freihändig. Die beiden überwinden eine gewisse Strecke und wechseln dann. Je nach Raumgröße können drei oder mehrere Paare gleichzeitig starten.

Variation: Der Reiter steht auf dem Pferd. Dabei geht ein weiterer Mitspieler neben den beiden her, um bei Bedarf Hilfestellung zu geben.

* * *

Schwerpunkt	Wahrnehmen und Vertrauen gewinnen
Name	**Glasplatte**
Dauer	5 Minuten
Altersgruppe	alle
Schwierigkeitsgrad	leicht
Arbeitsform	Kleingruppen
Requisiten	—

Alle Gruppenmitglieder stellen sich in einen Kreis und fassen eine imaginäre Glasplatte an, heben diese gemeinsam hoch, tragen sie durch den Raum, bewegen sie nach oben und unten. Zur Vereinfachung kann die Übung zunächst mit einem Seil, das den Rand der Glasplatte darstellt, durchgeführt werden. Wichtig ist, dass die Ebene der Platte immer erhalten bleibt.

Schwerpunkt	Wahrnehmen und Vertrauen gewinnen
Name	**Balance**
Dauer	10 Minuten
Altersgruppe	alle
Schwierigkeitsgrad	mittel
Arbeitsform	ganze Gruppe
Requisiten	—

Alle verteilen sich so gleichmäßig wie möglich im Raum, bleiben stehen und gucken sich an. Wenn einer – zunächst langsam – seine Position wechselt, müssen andere ebenfalls ihre Position wechseln, damit die gleichmäßige und ausgewogene Verteilung aller Personen im Raum erhalten bleibt. Später kann die Geschwindigkeit der Bewegungen erhöht oder variabel eingesetzt werden, d.h. langsame und schnelle Bewegungen wechseln sich dynamisch ab.

Tipp: Es hilft den Teilnehmern sich vorzustellen, dass sie auf einer großen Platte stehen, die auf einer Kugel balanciert: wenn die Gewichtsverteilung auf der Platte nicht stimmt, kippt sie an einer Seite herunter.

Schwerpunkt	Wahrnehmen und Vertrauen gewinnen
Name	**Wettlauf des Popcorns**
Dauer	10–15 Minuten
Altersgruppe	alle
Schwierigkeitsgrad	mittel
Arbeitsform	ganze Gruppe
Requisiten	ein Teller mit Süßigkeiten

Alle Spieler verteilen sich entlang der Wände, gehen auf Hände und Knie (Vierfüßlerstand) und schließen die Augen. Der Spielleiter stellt einen Teller mit Süßigkeiten ungefähr in die Mitte des Raumes. Ziel der Spieler ist es, kriechend und mit geschlossenen Augen den Teller zu erreichen, ohne andere Spieler zu berühren. Kommt es aber zu einer Berührung, kleben die Spieler (zwei oder auch mehrere) genau an dieser Stelle zusammen und müssen sich nun gemeinsam vorwärts bewegen. Gewonnen hat natürlich derjenige, der als Erster den Teller mit den Süßigkeiten erreicht hat.

Tipp: Der Wettlauf des Popcorns sollte mehrmals durchgeführt werden, um mehreren Spielern die Möglichkeit zu geben, die Süßigkeiten zu erreichen.

Schwerpunkt	Wahrnehmen und Vertrauen gewinnen
Name	**Gehen und Stehen**
Dauer	10–15 Minuten
Altersgruppe	alle
Schwierigkeitsgrad	mittel
Arbeitsform	ganze Gruppe
Requisiten	—

Die Spieler gehen durch den Raum. Plötzlich bleibt einer ohne Ankündigung stehen. Sofort müssen alle anderen auch stehen bleiben. Genauso beginnt jemand anderes wieder zu gehen und sofort gehen alle weiter. Ziel der Übung ist es, dass die Gruppe sich genau beobachtet und so schnell reagiert, dass kaum zu erkennen ist, wer den Impuls zum Gehen oder zum Stehenbleiben gibt.

Tipp: Damit die Gruppe nicht in einen gleichmäßigen Rhythmus fällt, sollte man darauf achten, dass die Dauer des Stehens oder Gehens variiert.

Variation: Derjenige, der als Erster wieder losgeht, tut dies in einer bestimmten Körperhaltung oder Gangart, die von den anderen möglichst identisch kopiert wird.

Schwerpunkt	Wahrnehmen und Vertrauen gewinnen
Name	**Riesen und Zwerge**
Dauer	10–15 Minuten
Altersgruppe	alle
Schwierigkeitsgrad	mittel
Arbeitsform	ganze Gruppe
Requisiten	—

Alle gehen zunächst ganz normal durch den Raum. Dann stellen sie sich vor, sie wüchsen. Sie werden immer größer und größer, und natürlich verändern sich Körperhaltung und Gangart. Dann gehen alle wieder normal. Aber plötzlich schrumpfen sie immer mehr zusammen. Sie werden immer kleiner. Dann gehen alle wieder normal. Jetzt wird die Gruppe geteilt: Während die einen zu Riesen werden, schrumpfen die anderen auf die Größe von kleinen Zwergen. Nach einer Weile wird gewechselt. Zum Schluss kehren alle zu ihrer eigentlichen Größe zurück.

Tipp: Neben der körperlichen Veränderung spielen natürlich auch die Wahrnehmung und das Gefühl eine wichtige Rolle bei dieser Übung. Deshalb bietet es sich an, sich nach der Übung über das Erlebte auszutauschen: Was hat sich an der Haltung verändert?

Schwerpunkt	Wahrnehmen und Vertrauen gewinnen
Name	**Ein Mörder geht um**
Dauer	20–30 Minuten
Altersgruppe	ab 15 Jahren
Schwierigkeitsgrad	anspruchsvoll
Arbeitsform	ganze Gruppe
Requisiten	—

Die Spieler stehen verteilt im Raum und schließen die Augen. Der Spielleiter bestimmt den Mörder durch Berührung. Die Aufgabe des Mörders ist es, mit geschlossenen Augen seine blinden Opfer umzubringen, indem er ihnen die Hände um den Hals legt. Natürlich ohne fest zuzudrücken! Die blinden Opfer versuchen ihrerseits sich in Sicherheit zu bringen. Alle bewegen sich vorsichtig und langsam durch den Raum. Erwischt der Mörder ein Opfer, gibt der Ermordete einen lauten Schrei von sich. Dann erst darf er die Augen öffnen und die Spielfläche verlassen. Das Spiel ist beendet, wenn der Mörder alle Spieler umgebracht hat.

Tipp: Kein Spiel für schwache Nerven! Sinnvoll ist es, wenn der Spielleiter und später die bereits Ermordeten die blinden Opfer davor bewahren, vor Wände und Möbel zu laufen.

Schwerpunkt	Wahrnehmen und Vertrauen gewinnen
Name	**Maschine**
Dauer	15–20 Minuten
Altersgruppe	alle
Schwierigkeitsgrad	anspruchsvoll
Arbeitsform	ganze Gruppe
Requisiten	—

Die Spieler stellen sich auf einer Seite des Raumes in einer Reihe auf. Ein Spieler geht in den Raum, sucht sich eine Position und macht eine einfache Bewegung, die sich wiederholt. Zu dieser Bewegung macht er ein passendes Geräusch. Ein Zweiter kommt hinzu, vollführt ebenfalls eine einfache Bewegung und artikuliert ein dazu passendes Geräusch. Die Bewegungen und Töne beider Spieler sollten ineinander greifen. Nach und nach kommen alle Spieler hinzu, sodass sich ein komplexes Gebilde aus Bewegungen und Geräuschen ergibt.

Variation: Ist die Maschine komplett, wird die Geschwindigkeit der Bewegungen und der Geräusche gemeinsam gesteigert, bis ein Maximum erreicht ist. Anschließend wird die Maschine wieder langsamer, bis sie zum Stehen kommt.

Tipp: Bei dem Spiel hilft es, sich eine Maschine wie ein Fließband, eine Presse etc. vorzustellen. Den Bau einer Maschine sollte man mehrmals durchführen und dabei darauf achten, dass die einzelnen Teile der Maschine immer besser ineinander greifen.

Schwerpunkt	Wahrnehmen und Vertrauen gewinnen
Name	**Gehen mit der gleichen Geschwindigkeit**
Dauer	10–15 Minuten
Altersgruppe	alle
Schwierigkeitsgrad	anspruchsvoll
Arbeitsform	ganze Gruppe
Requisiten	—

Alle gehen durch den Raum. Jeder nimmt wahr, in welcher Geschwindigkeit er im Vergleich zu den anderen geht. Auf ein Zeichen des Spielleiters hin versuchen alle in der gleichen Geschwindigkeit zu gehen. Anschließend steigert die Gruppe gemeinsam und ohne sich abzusprechen das Tempo, bis die maximale Geschwindigkeit erreicht ist. Dann wird die Geschwindigkeit des Gehens langsam wieder reduziert, bis die Gruppe gemeinsam zum Stillstand kommt.

Tipp: Das Spiel fördert die Sensibilität innerhalb der Gruppe und kann ruhig zwei oder drei Mal wiederholt werden. Wichtig ist, dass das Tempo nicht zu schnell gesteigert bzw. reduziert wird.

Schwerpunkt	Wahrnehmen und Vertrauen gewinnen
Name	**Fliegen**
Dauer	10 Minuten
Altersgruppe	ab 12 Jahren
Schwierigkeitsgrad	anspruchsvoll
Arbeitsform	ganze Gruppe (mindestens 16)
Requisiten	—

Die Gruppe stellt sich, immer zu zweit einander gegenüber, in einer Reihe vor einem Tisch oder einer anderen Erhöhung auf. Auf dem Tisch steht ein Mitspieler. Die unten stehenden Gruppenmitglieder winkeln die Arme an und verschränken die Hände, sodass eine Fläche aus Händen entsteht, auf die sich der auf dem Tisch Stehende fallen lassen kann. Sie gucken den auf dem Tisch Stehenden an, zählen laut bis drei und rufen dann „Fliegen!“. Der oben stehende Spieler streckt die Arme aus, macht sich lang und fällt in die Arme der anderen.

Tipp: Es ist normal, dass einige Spieler hier Hemmungen haben – daher sollten nur Freiwillige die Übung machen. Es kann aber nichts passieren, die anderen werden den Fallenden immer auffangen. Die Übung dient der gemeinsamen Konzentration und Vertrauensbildung.

Schwerpunkt	Wahrnehmen und Vertrauen gewinnen
Name	**Pantomimische Aktionen**
Dauer	15–20 Minuten
Altersgruppe	alle
Schwierigkeitsgrad	anspruchsvoll
Arbeitsform	Einzelarbeit, Partnerarbeit, ganze Gruppe
Requisiten	—

Die Spieler sollen pantomimische Aktionen ausführen:

- Einzelarbeit: Jeder stellt sich vor, er trage ein rohes Ei auf einem Löffel. Wie beim Eierlaufen, das jeder von Kindergeburtstagen kennt, laufen alle gleichzeitig von einer Seite des Raumes auf die andere. Gewonnen hat derjenige, der als Erster die andere Seite erreicht, ohne dass sein Ei vom Löffel fällt.
- Partnerarbeit: Jeweils zwei Spieler tragen eine imaginäre Leiter von einer Seite des Raumes auf die andere. Gewonnen hat das Paar, das nicht nur als Erstes ankommt, sondern bei dem die Leiter während des Gehens nicht zu einer „Gummileiter" geworden ist.
- Ganze Gruppe: Gemeinsam schiebt die Gruppe ihren Reisebus an, der im Schlamm stecken geblieben ist.

Schwerpunkt	Wahrnehmen und Vertrauen gewinnen
Name	**21**
Dauer	5–10 Minuten
Altersgruppe	ab 15 Jahren
Schwierigkeitsgrad	anspruchsvoll
Arbeitsform	ganze Gruppe
Requisiten	—

Die Spieler stehen im Kreis mit dem Rücken nach innen. Sie schließen die Augen. Einer beginnt zu zählen und nennt die Zahl „Eins", ein Zweiter nennt die „Zwei" und so weiter. Es wird aber nicht im Kreis gezählt, sondern in einer beliebigen Reihenfolge. Wenn zwei Spieler gleichzeitig sprechen, wird wieder von vorn begonnen. Das Spiel endet, wenn die Zahl „Einundzwanzig" ohne gleichzeitiges Sprechen erreicht ist.

Atem, Stimme, Sprache

Dieses Kapitel stellt Spiele vor, die aktiv den Gebrauch der Stimme trainieren und Hemmungen beim „öffentlichen Reden" abbauen. Das reicht von Übungen zum Aufwärmen und Lockern der Stimme, bei denen einfach nur Laute gebildet oder gemeinsam Geschichten erzählt werden, bis zur intensiven Kommunikation mit Sprache und Lauten innerhalb einer Gruppe oder zwischen Partnern.

Soundball

Wir trainieren unsere Stimme

Schwerpunkt	Atem, Stimme, Sprache
Name	**Stimme aufwärmen**
Dauer	5 Minuten
Altersgruppe	alle
Schwierigkeitsgrad	leicht
Arbeitsform	ganze Gruppe
Requisiten	—

Um die Stimme aufzuwärmen, bieten sich folgende Übungen an: laut und herzhaft gähnen, anschließend ein „m" summen und dazu Kaubewegungen machen, zum Schluss wie ein Pferd schnauben und wie ein Kanarienvogel trillern. Die Triller können auch an die Decke bzw. auf den Boden geworfen werden, indem man die entsprechende Handbewegung macht und von hohen zu tiefen Tönen trillert und umgekehrt.

Schwerpunkt	Atem, Stimme, Sprache
Name	**Soundball**
Dauer	10 Minuten
Altersgruppe	alle
Schwierigkeitsgrad	leicht
Arbeitsform	ganze Gruppe
Requisiten	—

Alle stehen im Kreis. Ein Spieler beginnt, indem er einem anderen ein Geräusch mit einer klaren Handbewegung „zuwirft". Dieser fängt das Geräusch, indem er es wiederholt, und wirft jemand anderem ein neues Geräusch zu. Ziel ist es, möglichst schnell zu sein. Es scheidet aus, wer zu lange zögert oder vergisst das Geräusch zu wiederholen.

Tipp: Die Geräusche entwickeln sich am besten ohne langes Nachdenken aus einem Vokal: Wusch, zisch, brumm, muff, zong …

Variation: Man kann sich statt eines Geräusches auch ein Nomen zuwerfen. Der Nächste nimmt das Nomen auf, indem er es wiederholt und wirft jemand anderem ein neues Nomen zu.
Man kann das Spiel auch sitzend und mit einem richtigen Ball spielen.

Schwerpunkt	Atem, Stimme, Sprache
Name	**Geschichten erzählen**
Dauer	10 Minuten
Altersgruppe	alle
Schwierigkeitsgrad	leicht
Arbeitsform	ganze Gruppe
Requisiten	—

Wandergeschichte

Die Gruppe sitzt im Kreis und versucht gemeinsam eine sinnvolle Geschichte zu erzählen, indem der Reihe nach jeder ein Wort sagt, sodass daraus eine sinnvolle Geschichte wird.

Tipp: Leichter ist es, wenn man mit ganzen Sätzen anfängt. Eventuell kann man auch den Titel der Geschichte vorschlagen lassen.

Zwischenrufgeschichte

Ein Spieler erzählt eine Geschichte. Die Zuhörer rufen ihm Wörter zu. Der Erzähler muss sie möglichst bald und geschickt einbauen. Der Spielleiter sollte darauf achten, dass nicht zu viele Wörter zu schnell hintereinander gerufen werden.

Kleider-Ich

Reihum erzählt jeder eine Geschichte über eines seiner Kleidungsstücke in der Ich-Form. Zum Beispiel: „Ich bin der Schuh von … Ich wurde in Italien hergestellt. Das hat anfangs ein bisschen weh getan. Als die Verkäuferin …“

Schwerpunkt	Atem, Stimme, Sprache
Name	**Wir trainieren unsere Stimme**
Dauer	8 Minuten
Altersgruppe	alle
Schwierigkeitsgrad	leicht
Arbeitsform	ganze Gruppe – Kleingruppen
Requisiten	—

Die Gruppe baut sich im Halbkreis vor einem Mitspieler auf. Der erzählt der Gruppe eine Geschichte oder liest etwas vor. Die Gruppe steht zunächst direkt vor ihm, entfernt sich dann jedoch langsam, so weit es geht. Der Sprecher muss jetzt langsam lauter werden, damit die Gruppe ihn noch versteht – er soll jedoch nicht brüllen.

Es werden Kleingruppen gebildet. Jede Gruppe bekommt vom Spielleiter eine Stimmung genannt, z.B. gelangweilt, nervös, ängstlich, wütend etc. Nach einer kurzen Vorbereitungszeit spricht die Gruppe in dieser Stimmung unisono den Satz: „Milch macht müde Männer munter“. Die Zuschauer raten die Stimmung. Andere Sätze: „Das musste ja so kommen.“ „Meinem Namen können sie vertrauen.“

Schwerpunkt	Atem, Stimme und Sprache
Name	**Akustische Bilder**
Dauer	10 Minuten
Altersgruppe	alle
Schwierigkeitsgrad	leicht
Arbeitsform	Kleingruppen
Requisiten	—

Es werden Kleingruppen (drei bis sechs Personen) gebildet. Jede Kleingruppe bekommt vom Spielleiter einen Ort genannt, z.B. Bauernhof, Autobahnbrücke etc., den sie nur durch Geräusche und Töne darstellen soll. Nach einer kurzen Vorbereitungszeit beginnt eine Gruppe ihren Ort akustisch darzustellen. Die Zuschauer schließen die Augen und müssen raten, um welchen Ort es sich handelt.

Variation: Die Gruppen suchen sich den Ort, den sie akustisch darstellen,

Schwerpunkt	Atem, Stimme, Sprache
Name	**Christbaumkugel**
Dauer	5–10 Minuten
Altersgruppe	alle
Schwierigkeitsgrad	mittel
Arbeitsform	Einzelarbeit
Requisiten	—

Die Spieler überlegen sich ein mehrsilbiges Wort. Dieses Wort sprechen sie viele Male vor sich hin. Dabei variieren sie die Lautstärke und die Tonhöhe, singen und trällern es, ziehen es in die Länge oder wiederholen einzelne Silben oder Buchstaben staccato, usw. …

Schwerpunkt	Atem, Stimme und Sprache
Name	**Grommolo**
Dauer	10 Minuten
Altersgruppe	ab 16 Jahren
Schwierigkeitsgrad	mittel
Arbeitsform	ganze Gruppe
Requisiten	—

Grommolo ist nichts anderes als unverständliches Kauderwelsch mit vielen Vokalen, das seinen Sinn durch Betonung bekommt. Die Spieler sollen sich anfangs zu zweit oder in Kleingruppen, später auch vor der ganzen Gruppe, Geschichten in Grommolo erzählen. Wenn das gut klappt, können auch ganze Szenen in Grommolo gespielt werden. Es ist darauf zu achten, dass der Erzähler wirklich ein Thema oder eine Geschichte gedanklich miterzählt. Auch sollten Gestik, Mimik und Stimme möglichst echt sein.

Tipp: Anfangs ist es ungewohnt, aber die Spieler finden sich sehr schnell in die neue Sprache ein, die meist ein bisschen wie Chinesisch klingt.

Schwerpunkt	Atem, Stimme, Sprache
Name	**Dialog mit Vokalen und Zahlen**
Dauer	5–10 Minuten
Altersgruppe	ab 15 Jahren
Schwierigkeitsgrad	mittel
Arbeitsform	Partnerarbeit
Requisiten	Stühle

Es werden Paare gebildet, die sich nebeneinander sitzend und mit geschlossenen Augen im Raum verteilen. Sie führen ein Gespräch, indem sie nur die Vokale nutzen – das Gespräch sollte dennoch lebhaft und ausdrucksstark sein.

Variation: Die Paare führen ein Gespräch mit den Zahlen von 1 bis 75 oder nur mit den Wörtern „Ja“ und „Nein“.

Schwerpunkt	Atem, Stimme, Sprache
Name	**Liebeserklärungen an Gegenstände**
Dauer	10–15 Minuten
Altersgruppe	ab 15 Jahren
Schwierigkeitsgrad	mittel
Arbeitsform	ganze Gruppe
Requisiten	—

Alle Spieler gehen durch den Raum und suchen sich einen beliebigen Gegenstand aus. Diesem Gegenstand machen sie eine Liebeserklärung, indem sie ihm Komplimente machen, ihn loben und seine Gefühle zu ihm beschreiben. Dabei bitte den Gegenstand genau wahrnehmen und beim Reden nicht allgemein werden! Nach kurzer Zeit einen neuen Gegenstand wählen.

Variation: Statt den Gegenständen eine Liebeserklärung zu machen, werden sie kräftig oder unflätig beschimpft.

Schwerpunkt	Atem, Stimme, Sprache
Name	**Das Kinderlied**
Dauer	15–20 Minuten
Altersgruppe	alle
Schwierigkeitsgrad	mittel
Arbeitsform	ganze Gruppe
Requisiten	—

Alle gehen im Raum umher. Jeder singt ein beliebiges Kinderlied. Ohne sich abzusprechen, einigt sich die Gruppe auf ein gemeinsames Lied. Dieses Lied wird in den unterschiedlichsten Stimmungen gesungen, z.B. als Schlaflied, als Marsch, als Hexenlied, als Opernarie oder als Liebeslied.

Tipp: Das Spiel verlangt Konzentration und Flexibilität. Die Gruppe sollte sich nicht zu schnell auf ein Lied einigen.

Schwerpunkt	Atem, Stimme, Sprache
Name	**Ein-Wort-Geschichte**
Dauer	je nach Anzahl der Spieler
Altersgruppe	ab 15 Jahren
Schwierigkeitsgrad	anspruchsvoll
Arbeitsform	Partnerarbeit oder Kleingruppe
Requisiten	—

Die Paare oder Kleingruppen erzählen gemeinsam eine Geschichte, wobei abwechselnd jeder nur ein Wort sagt.

Variation 1: Statt eines Wortes sagt jeder Spieler nur einen Satz – das macht es leichter.

Variation 2: Ein Moderator führt ein Interview mit einer Kleingruppe zu einem bestimmten Thema. Der Moderator darf ganze Sätze benutzen, die Gruppe aber nur abwechselnd mit einem Wort antworten.

Schwerpunkt	Atem, Stimme, Sprache
Name	**Assoziationsmesser**
Dauer	10 Minuten
Altersgruppe	alle
Schwierigkeitsgrad	anspruchsvoll
Arbeitsform	ganze Gruppe
Requisiten	—

Alle Spieler gehen durch den Raum. Sobald einer stehen bleibt, bleibt die ganze Gruppe stehen. Derjenige, der als Erster stehen geblieben ist, wirft einem anderen mit der entsprechenden Handbewegung ein beliebiges Substantiv zu. Dieser wirft ein anderes Substantiv, das er zum ersten assoziiert, jemand drittem zu. Das geht immer so weiter, bis jeder jemandem ein Wort zugeworfen hat. Die Schwierigkeit liegt zum einen darin, kein Wort doppelt zu nennen und dennoch möglichst schnell zu sein. Zum anderen sollte jeder nur einmal aktiv sein, d.h. jeder muss gut aufpassen, wer noch frei ist. Hat der Letzte in der Gruppe ein Wort zugeworfen bekommen, steckt er das Wort symbolisch ein und gibt das Zeichen zum Weitergehen.

Darstellen und Ausdruck

In diesem Kapitel geht es darum, sich „zu zeigen“, bestimmte Körperhaltungen und Gesten demonstrativ zu gestalten – als Vorübung für die folgende Ausgestaltung von Rollen.

Für kurze Momente treten die Spieler aus der Gruppe heraus und probieren bestimmte einzelne Elemente aus – ohne schauspielerischen Leistungsdruck. Dies geschieht z.B. in Form von Statuen – bestimmte Bewegungen werden für Sekunden eingefroren.

Es schließen sich anspruchsvollere Übungen an, bei denen in Partnerübungen Haltungen ausprobiert und gefunden werden.

Tanz der Töne

Sitz gerade!

Denkmalkette

Schwerpunkt	Darstellen und Ausdruck
Name	**Kreis mit Bewegung und Ton**
Dauer	10–15 Minuten
Altersgruppe	alle
Schwierigkeitsgrad	mittel
Arbeitsform	ganze Gruppe
Requisiten	—

Die Gruppe stellt sich in einen Kreis. Einer beginnt und zeigt seinem linken Nachbarn eine beliebige Bewegung und ein dazu passendes Geräusch. Sein Nachbar gibt diese Bewegung und das Geräusch leicht verändert an seinen linken Nachbarn weiter. Das geht so weiter, bis die Bewegung und das Geräusch mehrmals durch den Kreis gelaufen sind.

Tipp: Wichtig ist, dass sowohl präzise wahrgenommen als auch zügig weitergegeben wird. Die Veränderungen sollten so fließend sein wie auf einzelnen Bildern eines Films.

Schwerpunkt	Darstellen und Ausdruck
Name	**Berühmte Persönlichkeiten**
Dauer	5–10 Minuten
Altersgruppe	ab 15 Jahren
Schwierigkeitsgrad	mittel
Arbeitsform	ganze Gruppe
Requisiten	—

Die Spieler stehen im Kreis. Einer wirft jemandem den Namen einer berühmten Persönlichkeit zu. Dieser geht in eine Körperhaltung, die ihm als Erstes zu der Person einfällt. Er wirft den Namen einer anderen Persönlichkeit jemand anderem zu. Dieser nimmt die Haltung ein, die ihm dazu einfällt …

Tipp: Das Spiel ist eine spielerische Vorübung für die Darstellung von Rollen.

Schwerpunkt	Darstellen und Ausdruck
Name	**Bilder stellen**
Dauer	je nach Anzahl der Spieler
Altersgruppe	alle
Schwierigkeitsgrad	mittel
Arbeitsform	Kleingruppe oder ganze Gruppe
Requisiten	—

Die Kleingruppen bzw. die ganze Gruppe stellen Bilder zu einem bestimmten Thema, z.B. Strand. Einer geht auf die Bühne oder in die Mitte des Raumes, nimmt eine Körperhaltung ein und sagt, was er darstellt. Zum Beispiel: „Ich bin der Sonnenschirm." Ein Zweiter geht hinzu und stellt etwas anderes dar, z.B. „Ich bin der Sand", bis alle Spieler der Kleingruppe oder der ganzen Gruppe gemeinsam ein Bild erstellt haben.

Variation: Jede Kleingruppe sucht sich ein bekanntes Märchen aus und stellt es in fünf Bildern nach.

Die Bilder oder Bildfolgen können zusätzlich von einigen Teilnehmern – nach Art der Geräuschbilder – vertont werden.

Schwerpunkt	Darstellen und Ausdruck
Name	**Denkmalkette**
Dauer	10–15 Minuten
Altersgruppe	alle
Schwierigkeitsgrad	mittel
Arbeitsform	ganze Gruppe
Requisiten	—

Die Spieler stehen in einer Reihe nebeneinander. Ein Spieler stellt sich vor die Gruppe und nimmt eine beliebige Körperhaltung ein. Ein anderer kommt hinzu, stellt das „Denkmal" vor und gibt ihm einen Titel. Der Erste geht zurück in die Reihe und der Hinzugekommene nimmt nun eine neue Haltung ein usw.

Variation: Zwei Spieler nehmen nacheinander eine Körperhaltung ein, bilden aber gemeinsam ein Denkmal. Ein dritter kommt hinzu und nennt den Titel des Denkmals. Alle drei gehen ab. Das Spiel beginnt von vorn.

Schwerpunkt	Darstellen und Ausdruck
Name	**1000-mal Rose**
Dauer	10–15 Minuten
Altersgruppe	alle
Schwierigkeitsgrad	mittel
Arbeitsform	ganze Gruppe
Requisiten	eine Plastikrose oder andere Gegenstände

Die Gruppe steht im Kreis und ein Spieler überreicht einem anderen die Rose. Dieser gibt sie an einen weiteren Spieler und immer so weiter. Wichtig ist, dass die Spieler die Rose auf 1000 verschiedene Arten überreichen, d.h. mit verschiedenen Gefühlen, unterschiedlichen Bewegungsarten etc.

Variation: Dieses Spiel kann auch mit anderen Gegenständen durchgeführt werden, die ähnlich offen für verschiedene Bedeutungen sind, z.B. einem Brief.

Tipp: Es lohnt sich, diese Übung relativ lange durchzuführen, da erfahrungsgemäß zunächst die Klischees dargestellt und dann erst ausgefallenere Übergabemöglichkeiten gewählt werden.

Schwerpunkt	Darstellen und Ausdruck
Name	**Ich gehe auf die andere Seite**
Dauer	10–15 Minuten
Altersgruppe	ab 15 Jahren
Schwierigkeitsgrad	mittel
Arbeitsform	Einzelarbeit
Requisiten	—

Die Spieler stellen sich auf einer Seite des Raumes nebeneinander auf. Gleichzeitig gehen sie auf die andere Seite des Raumes mit folgenden Vorstellungen:

- Ich bin auf dieser Seite und gehe auf die andere Seite.
- Ich bin auf dieser Seite und will auf die andere Seite.
- Ich bin auf dieser Seite und muss auf die andere Seite.
- Ich kann hier nicht bleiben, aber will auch nicht dahin.
- Ich gehe auf die andere Seite, aber mich soll keiner sehen.

Tipp: Bei vielen Teilnehmern kann man die Gruppe auch in Agierende und Zuschauer teilen. Die Zuschauer bekommen die Aufgabe zu beobachten, wie sich das Verhalten und die Arten des Gehens verändern.

Schwerpunkt	Darstellen und Ausdruck
Name	**Gefühlsstatue**
Dauer	15–20 Minuten
Altersgruppe	alle
Schwierigkeitsgrad	mittel
Arbeitsform	Einzelarbeit
Requisiten	—

Die Spieler verteilen sich im Raum. Der Spielleiter nennt ihnen ein Gefühl, z.B. Freude. Die Spieler nehmen dann eine Körperhaltung ein, die Freude ausdrückt. Wichtig ist dabei, dass sie von ihrer eigenen Körpersprache ausgehen.
Wenn die Spieler miteinander vertraut sind, kann die ganze Gruppe innehalten und sich die Gefühlsstatuen der Einzelnen anschauen. Ist das noch nicht möglich, arbeiten die Spieler nur für sich. Abwechselnd werden positive und negative Gefühle genannt. Die Übung sollte mit einem positiven Gefühl enden.

Schwerpunkt	Darstellen und Ausdruck
Name	**Parkbank I**
Dauer	je nach Variante
Altersgruppe	alle
Schwierigkeitsgrad	mittel
Arbeitsform	ganze Gruppe
Requisiten	Stühle

Aus mehreren Stühlen wird eine Parkbank gebaut. Zwei Spieler setzen sich gemeinsam auf diese Bank. Die anderen Spieler beobachten deren Positionen möglichst genau. Dann wird gewechselt: Die beiden Sitzenden verlassen die Bank und zwei andere nehmen exakt deren Haltung ein. Das geht immer so weiter, bis das Paar, das den Anfang gemacht hat, wieder auf der Bank sitzt. Gemeinsam wertet man die Veränderungen der Positionen aus.

Variation: Aus mehreren Stühlen wird eine Parkbank gebaut. Zwei Spieler setzen sich gemeinsam auf diese Bank. Einer verlässt die Bank und eine weitere Person setzt sich zu der ersten Person auf die Bank – allerdings mit einer neuen Körperhaltung. Nun steht die Person auf, die als Erste auf der Bank gesessen hat, und wieder setzt sich jemand anderes in einer neuen Körperhaltung auf die Bank. Das geht so lange, bis alle mit zwei verschiedenen Partnern auf der Bank gesessen haben und der Kreis sich somit schließt.

Schwerpunkt	Darstellen und Ausdruck
Name	**Sitz gerade!**
Dauer	20 Minuten
Altersgruppe	alle
Schwierigkeitsgrad	anspruchsvoll
Arbeitsform	Einzelarbeit
Requisiten	so viele Stühle wie Spieler

Jeder Spieler bekommt einen Stuhl und die Aufgabe, möglichst ausgefallene Positionen auf, unter, mit etc. diesem Stuhl einzunehmen. Nach einer Erarbeitungszeit von ca. 10 Minuten entscheidet sich jeder für seine drei ausgefallensten Stuhlpositionen und stellt sie der ganzen Gruppe vor.

Schwerpunkt	Darstellen und Ausdruck
Name	**Redewendungen darstellen**
Dauer	15–20 Minuten
Altersgruppe	ab 15 Jahren
Schwierigkeitsgrad	anspruchsvoll
Arbeitsform	Einzelarbeit
Requisiten	—

Jeder geht für sich durch den Raum. Der Spielleiter nennt der Gruppe Redewendungen, z.B.

- eine Stecknadel im Heuhaufen suchen,
- jemanden zum Fressen gern haben,
- jemandem die kalte Schulter zeigen,
- ins kalte Wasser springen.

Die Spieler finden zu diesen Redewendungen spontan eine Bewegung und einen Ton, wobei es sich nicht um eine pantomimische Darstellung der Redewendung handeln muss. Bewegung und Ton können frei assoziiert werden und werden mehrfach wiederholt.
Während der Aktion sollten die Spieler darauf achten, ob eventuell Erinnerungen, Bilder oder Situationen in ihnen wach werden.

Tipp: Da es durchaus vorkommt, dass tatsächlich Erlebtes bei den Teilnehmern auftaucht, ist es wichtig, ihnen zwischen den einzelnen Redewendungen Gelegenheit zu geben, sich kräftig auszuschütteln.

Der Spielleiter sollte darauf achten, dass sich positiv und negativ belegte Redewendungen abwechseln, und die Übung mit einer positiven Stimmung beenden.

Schwerpunkt	Darstellen und Ausdruck
Name	**Bildhauer und Material**
Dauer	20–30 Minuten
Altersgruppe	alle
Schwierigkeitsgrad	anspruchsvoll
Arbeitsform	Partnerarbeit
Requisiten	—

Die Spieler bilden Paare und entscheiden, wer „A" und wer „B" ist. Während die Gruppe „A" außen steht, gehen die anderen durch den Raum. Auf Zuruf des Spielleiters hin nehmen die Körper der Gehenden verschiedene Materialien an, z.B.

- Holz,
- Pudding,
- Eisen,
- Watte,
- Draht,
- Gummi.

Die Spieler der Gruppe „A" gehen jedes Mal zu ihrem Partner und versuchen, diesen wie ein Bildhauer zu bearbeiten, d.h. wie eine Statue in eine bestimmte Form zu bringen. Sie müssen dabei das „Material" berücksichtigen. Anschließend wird gewechselt.

Schwerpunkt	Darstellen und Ausdruck
Name	**Tanz der Töne**
Dauer	15–20 Minuten
Altersgruppe	ab 15 Jahren
Schwierigkeitsgrad	anspruchsvoll
Arbeitsform	Partnerarbeit
Requisiten	—

Es werden Paare gebildet und die beiden Partner stellen sich hintereinander auf. Der Vordere schließt die Augen. Der hinten stehende Partner macht Töne. Sein Partner setzt diese Töne in Bewegungen um. Nach einer Weile wird gewechselt.

Tipp: Da derjenige, der sich bewegt, die Augen geschlossen hat, ist der sehende Partner dafür verantwortlich, dass dieser sich nicht stößt o.Ä.
Das Spiel fördert die Wahrnehmung und Interaktion der beiden Spieler, ihnen sollte daher Gelegenheit gegeben werden, sich über das Erlebte auszutauschen.

Rollen

Die Spiele in diesem Kapitel werden langsam „theatralischer“: Der einzelne Spieler rückt in den Vordergrund, präsentiert sich in einer bestimmten Rolle und arbeitet an einzelnen Bestandteilen dieser Rolle – an Gängen, Gesten und Mimik.

Es beginnt mit einfachen Spielen zu Berufen oder selbst gewählten Rollen bis zur Darstellung von Gefühlen. Die Spieler erhalten dabei teilweise genaue Aufgaben, die sich auf Details von Rollen beziehen. Teilweise werden auch Szenen mit anderen Rollen gespielt, der Verlauf der Szene steht dabei nicht im Vordergrund: Wichtig ist, dass der einzelne Spieler ein Verhältnis zu seiner Rolle gewinnt und sich mit ihr „anfreundet“.

Ich bin …

Marktschreier

Schwerpunkt	Rollen
Name	**Berufe raten**
Dauer	10 Minuten
Altersgruppe	alle
Schwierigkeitsgrad	leicht
Arbeitsform	ganze Gruppe
Requisiten	—

Jeder Spieler denkt sich einen Beruf aus, den er kurz pantomimisch darstellt, sowie einige für diesen Beruf typische Bewegungen. Die Zuschauer raten, um welchen Beruf es sich handelt.

Tipp: Damit es am Anfang leichter fällt, können auch zwei Spieler den Beruf darstellen, z.B. Zahnarzt und Patient. Mehr als zwei Mitspieler erschweren die Sache jedoch.

Variation: Wenn sich die Spieler sicherer fühlen, können sie auch dabei sprechen.

Schwerpunkt	Rollen
Name	**Rollenverhalten trainieren**
Dauer	10–15 Minuten
Altersgruppe	alle
Schwierigkeitsgrad	leicht
Arbeitsform	Einzelarbeit – ganze Gruppe
Requisiten	—

Jeder Spieler überlegt sich eine Rolle, z.B. Polizistin, Punkerin, Penner, König etc., oder zieht eine Karte, auf die der Spielleiter eine Rolle geschrieben hat. Jeder überlegt fünf Minuten, wie er die Rolle gestalten will, probt den Gang etc.
Die ganze Gruppe bildet einen Kreis. Einer nähert sich einem anderen in seiner Rolle als Polizistin, Punkerin, Königin … Der andere reagiert in seiner Rolle als Mutter, Dompteur, Busfahrerin … Es entwickelt sich eine kurze Szene, die sich sofort wieder auflöst. Dann gibt es andere Begegnungen; die ganze Gruppe bleibt in Bewegung.

Tipp: Bei diesem Spiel soll man sich in eine Rolle eingewöhnen, nicht große Szenen vorführen. Die Begegnungen sind nur für die Spieler, nicht für die Zuschauer wichtig: Fühle ich mich in der Rolle wohl, was kann ich noch anders machen?

Schwerpunkt	Rollen
Name	**Eine Rolle vorstellen – improvisieren**
Dauer	10 Minuten
Altersgruppe	alle
Schwierigkeitsgrad	mittel
Arbeitsform	ganze Gruppe
Requisiten	——

Der Spielleiter gibt entweder Rollenkarten an die Spieler aus oder jeder sucht sich selbst eine Rolle aus. Kurze Szenen eignen sich dazu, spielerisch eine Rolle mit Leben zu füllen. Man kann verschiedene Möglichkeiten für eine Figur ausprobieren, indem man Schritt für Schritt eine konkrete Vorstellung entwickelt,

- Welche Haltung hat die Figur (aufrecht, gebückt etc.), welche Sitzhaltung hat sie?
- Welche Bewegungen macht sie, wie ist ihr Gang, wie streicht sie sich das Haar zurück …?
- Welche Sprache benutzt sie, hat sie vielleicht einen Akzent, spricht sie laut oder leise?

Jeder Spieler stellt in einer Miniszene seine Figur vor. Die Zuschauer sagen, was sie gesehen haben und welche Einzelheiten ihnen noch zu der Figur einfallen.

Schwerpunkt	Rollen
Name	**Ich bin …**
Dauer	je nach Größe der Gruppe
Altersgruppe	ab 15
Schwierigkeitsgrad	anspruchsvoll
Arbeitsform	Einzelarbeit
Requisiten	Karten mit Sätzen, die mit „Ich bin …“ beginnen

Der Spielleiter bereitet so viele Karten vor, wie es Spieler gibt. Auf diesen Karten stehen Sätze, die mit „Ich bin“ beginnen. Dann folgen Emotionen, Stimmungen oder Eigenschaften, z.B.

- Ich bin verliebt.
- Ich bin wütend.
- Ich bin müde.
- Ich bin traurig.
- Ich bin glücklich.
- …

Jeder Spieler zieht eine Karte und bereitet eine Szene vor, die die betreffende Stimmung zeigt. Es wird pantomimisch gespielt. Es geht dabei nicht darum, zum Beispiel „Freude“ zu personifizieren, sondern es sollen Menschen in einer der Stimmung entsprechenden Situation gezeigt werden.
Nach jeder Szene beschreibt das Publikum, was es gesehen und beobachtet hat.

Tipp: Das Spiel lässt sich fortsetzen mit „Ich … dich“ im Kapitel „Szenen und Improvisationen“.

Schwerpunkt	Rollen
Name	**Empfang bei Lord und Lady Snowden – allgemeine Rollenspiele**
Dauer	bis zu einer Stunde
Altersgruppe	ab 15
Schwierigkeitsgrad	anspruchsvoll
Arbeitsform	ganze Gruppe
Requisiten	Kostüme und Requisiten

Bei dieser Art der Improvisation kann der Spielleiter unterschiedliche Themen und Orte vorgeben. Wichtig ist nur, dass der Schwerpunkt des Spielens auf den Rollen und nicht auf Aktionen liegt, z.B.

- im Bus,
- auf der Pferderennbahn,
- auf einer Vernissage,
- auf einem Traumschiff.

Jeder Spieler bekommt eine Rollenkarte, die vom Spielleiter vorbereitet wurde. Darauf steht der Name der Rolle, ferner die Art der Beziehung zu anderen, eine Eigenschaft oder eine Aufgabe. Hier einige Beispiele:

Lord Snowden:	hat seine Frau nur wegen des Geldes geheiratet, sucht eine neue Geliebte
Lady Snowden:	heimliche Kleptomanin
Betty Wordsworth:	uneheliche und bisher unbekannte Tochter von Lord Snowden, braucht dringend Geld, um Spielschulden zu bezahlen

Bevor das Spiel beginnt:

- Nur die Rollen, die sich untereinander kennen, machen sich schon vor dem Spiel miteinander bekannt, z.B. das Ehepaar Snowden.
- Jeder Spieler bekommt Zeit genug, sich auf seine Rolle vorzubereiten, sich z.B. ein passendes Kostüm anzuziehen und Requisiten zu besorgen.
- Der Raum, in dem das Spiel – in diesem Fall der Empfang – stattfinden soll, wird hergerichtet und die notwendigen Requisiten werden besorgt, z.B. Getränke und Knabbereien.
- Zu einem verabredeten Zeitpunkt beginnt das Spiel. Es endet erst, wenn der Spielleiter das Spiel beendet oder einer geeigneten Rolle den Auftrag gibt, das Spiel zu beenden. So kann z.B. der Butler auf die fortgeschrittene Zeit hinweisen und die Gäste höflich bitten, ihren Besuch zu beenden.

Während des Spiels sollten die Spieler ihre Rolle so gut wie möglich spielen und ihre Aufgaben erfüllen. Gleichzeitig sollen sie die anderen Rollen beobachten und möglichst viel über sie herausfinden.

Nach dem Spiel – wenn alle Spieler aus ihren Rollen ausgestiegen sind – werden in einem Gespräch die Rollen und ihre Eigenschaften oder Aufgaben beschrieben.

Schwerpunkt	Rollen
Name	**Über einen großen Platz gehen**
Dauer	15–20 Minuten
Altersgruppe	ab 15 Jahren
Schwierigkeitsgrad	anspruchsvoll
Arbeitsform	ganze Gruppe
Requisiten	—

Die Spieler stehen in einem möglichst großen Kreis. Sie stellen sich vor, dass sie sich nicht in einem Raum befinden, sondern vor einem großen Platz stehen. Sie überqueren mehrmals den Platz in verschiedenen Rollen oder mit verschiedenen Tätigkeiten, mal einzeln, mal zu zweit oder in Gruppen. Bei der Platzüberquerung können sie ganz für sich sein, andere wahrnehmen oder sogar auf andere reagieren.

Tipp: Diese Übung entstand nach Peter Handkes „Die Stunde, da wir nichts voneinander wussten".

Schwerpunkt	Rollen
Name	**Marktschreier**
Dauer	je nach Größe der Gruppe
Altersgruppe	ab 15 Jahren
Schwierigkeitsgrad	anspruchsvoll
Arbeitsform	Einzelarbeit
Requisiten	kleine, skurrile Gegenstände wie z.B. Spielzeug, Porzellantiere, Gebrauchsgegenstände etc.

Jeder Spieler bekommt einen Gegenstand und überlegt sich für diesen einen neuen Zweck oder Sinn. Nach einer Vorbereitungszeit von ca. 5 Minuten hält jeder einen Verkaufsvortrag und nennt den Namen, die Gebrauchsmöglichkeit und die Vorzüge dieses Gegenstandes.

Tipp: Anschließen kann man eine Improvisation auf einem Marktplatz. Jeder Teilnehmer baut sich einen Marktstand auf oder sucht sich einen Platz auf dem Markt. Dann versucht jeder seine Waren zu verkaufen, geht umher und schaut sich die Auslagen der anderen an, feilscht und handelt etc.

Schwerpunkt	Rollen
Name	**Frau Bauch und Herr Brust**
Dauer	20–30 Minuten
Altersgruppe	ab 15 Jahren
Schwierigkeitsgrad	anspruchsvoll
Arbeitsform	Einzelarbeit und Partnerarbeit
Requisiten	——

Die Spieler gehen durch den Raum. Auf Anweisung des Spielleiters konzentrieren sie sich auf ein bestimmtes Körperteil, z.B. die Schultern. Während des Gehens lassen sie die Schultern stark hängen, ziehen sie bis unter die Ohren hoch, strecken sie nach vorn oder nach hinten. Sie entscheiden sich für eine Position und beobachten, wie sich die gesamte Körperhaltung verändert. Dann stellen sie sich vor, sie seien ein Mensch, für den diese Körperhaltung typisch ist. Sie gehen weiter in dieser Körperhaltung und beantworten Fragen des Spielleiters zu dieser Rolle für sich:

- Wie heiße ich?
- Wo komme ich her?
- Wo will ich hin?
- Was beschäftigt mich gerade?

Diese Fragen beantworten sie laut um eine Stimme für diese Rolle zu finden. Anschließend begegnen sie anderen und führen kurze Gespräche. In der nächsten Runde erfolgt eine weitere Rollenerarbeitung über ein anderes Körperteil.

Variation: Diese Übung kann variiert werden, indem man über Gefühle oder Klischees eine Rolle erarbeitet oder den Körperteilen Gefühle zuordnet.

Schwerpunkt	Rollen
Name	**Mein Haustier und ich**
Dauer	20–30 Minuten
Altersgruppe	ab 15 Jahren
Schwierigkeitsgrad	anspruchsvoll
Arbeitsform	Einzelarbeit
Requisiten	——

Mein Haustier und ich

Jeder Teilnehmer wählt ein Tier aus – gern auch ein sehr exotisches – und stellt sich vor, er besitzt dieses Tier als Haustier. Jeder spielt dann mit dem imaginären Tier, spricht mit ihm, füttert es usw. Es kommt zu Begegnungen auf der Straße: Zwei Tierbesitzer treffen sich mit ihren Tieren und man kommt ins Gespräch.

Wie der Hund, so der Herr

Jeder Teilnehmer stellt sich vor, er wird seinem Tier immer ähnlicher, bleibt aber Mensch. Er spielt nun alltägliche Situationen in seiner Wohnung und verändert sich stark: Er geht anders, bekommt Macken, bevorzugt andere Speisen etc. Wieder kommt es zu Begegnungen auf der Straße, diesmal aber ohne die Haustiere.

Im Café

Jeweils zwei Teilnehmer tun sich zusammen und bereiten eine Szene vor, die in einem Café spielt: Einer ist der Kellner, der andere der Gast. Beim Spielen behalten sie die Ähnlichkeit mit einem Tier bei. Anschließend zeigen die Paare ihre Szene im Plenum.

Schwerpunkt	Rollen
Name	**Rollentausch**
Dauer	20–30 Minuten
Altersgruppe	ab 15 Jahren
Schwierigkeitsgrad	anspruchsvoll
Arbeitsform	Einzelarbeit
Requisiten	Portraitfotos, Postkarten oder Fotos aus Zeitschriften

Jeder Teilnehmer bekommt ein Foto, eine Postkarte oder ein Bild aus einer Zeitschrift, das eine Person zeigt. Dann sucht sich jeder einen angenehmen Platz im Raum und setzt sich. Mit dem Bild in der Hand führt nun jeder ein Gespräch mit der abgebildeten Person und befragt sie nach ihrem Leben, nach ihren Eigenschaften, Vorlieben, guten und schlechten Erlebnissen etc. Nach 5–10 Minuten wird das Gespräch beendet und die Teilnehmer „tauschen" mit dem Bild den Platz, d.h. sie setzen sich tatsächlich um. Mit diesem Platzwechsel findet ein Rollentausch statt: Die Teilnehmer sind nun die Personen auf den Bildern.
In der Ich-Form erzählen sie von sich und greifen darauf zurück, was sie im vorhergehenden Gespräch erfahren haben. Während des Sprechens gehen sie im Raum umher und finden sowohl eine Stimme und eine Art des Sprechens als auch eine Körperhaltung, die zu ihrer neuen Rolle passen.
Anschließend begegnen sie anderen und führen kurze Gespräche.

Variation 1: Der Spielleiter führt vor der gesamten Gruppe mit jeder Rolle ein Gespräch, sodass jede Rolle präsentiert wird.

Variation 2: Erarbeitung von Szenen
Zwei oder drei Rollen tun sich zusammen und erarbeiten gemeinsam eine Szene. Sie überlegen sich einen Ort oder einen Anlass, an bzw. zu dem sie sich begegnen können. Von diesem Ort oder Anlass ausgehend erfinden sie eine Geschichte und proben sie. Anschließend zeigen alle Kleingruppen ihre Szene im Plenum.

Improvisationen und Szenen

Hier wird Theater gespielt: Vielfältige Angebote für kleine Szenen und Situationen laden dazu ein, spontan Szenen zu improvisieren. Dabei wird kein fertiger Text benutzt, der Text entsteht im Spiel – die Kreativität der Teilnehmer wird so stärker gefördert.

Die Erfahrungen aus den vorhergehenden Kapiteln und Schwerpunkten können in diesen Szenen angewendet werden: Die Übungen zur Stimme, die Darstellung von Rollen – alle Elemente können in die Gestaltung der Szenen fließen. Die Angebote reichen von unkomplizierten und offenen Arrangements bis zu anspruchsvollen Situationen.

Der Spaß an der spielerischen Improvisation steht im Vordergrund – die Szenen sollten nicht zu oft wiederholt und perfektioniert werden.

Fotos werden lebendig

Das lebende Denkmal

Schwerpunkt	Improvisationen und Szenen
Name	**Kontrolleur und Schwarzfahrer**
Dauer	20 Minuten
Altersgruppe	alle
Schwierigkeitsgrad	leicht
Arbeitsform	Kleingruppen
Requisiten	—

Es werden Kleingruppen gebildet. Alle Gruppen bekommen die Aufgabe, zum selben Thema eine Spielszene zu entwickeln. Ein Beispiel:
Der Spielort ist eine Straßenbahn oder ein Bus. Mehrere Personen fahren in dem Bus. Eine Person ist ein Schwarzfahrer. Ein Kontrolleur will die Fahrscheine sehen. Was passiert? Wie verhalten sich der Schwarzfahrer, der Kontrolleur, die anderen Fahrgäste? Wie endet die Szene?
Die Gruppen haben zehn Minuten Zeit, die Szene und ihr Ende zu entwickeln und zu proben. Dann spielt jede Gruppe den anderen ihre Szene vor.

Variationen: Es können auch andere Situationen gewählt werden, z.B.

- Jugendliche auf einer Parkbank belästigen Vorbeigehende,
- ein Streit in der Familie,
- Verkaufsgespräch um ein Handy,
- das Konto ist überzogen.

Schwerpunkt	Improvisationen und Szenen
Name	**Fahrstuhl in einem Kaufhaus**
Dauer	15 Minuten
Altersgruppe	alle
Schwierigkeitsgrad	leicht
Arbeitsform	Kleingruppen
Requisiten	—

Der Spielleiter erklärt die Aufgabe: Verschiedene Personen steigen in einen Fahrstuhl. Plötzlich bleibt der Fahrstuhl stecken. Wie geht die Szene weiter? Die Spieler bilden Kleingruppen und überlegen eine Lösung und wie die Szene enden könnte. Dann proben sie kurz und spielen die Szene den anderen Gruppen vor.

Tipp: Die Szene sollte nur 2–5 Minuten dauern.

Schwerpunkt	Improvisationen und Szenen
Name	**Parkbank 2**
Dauer	je nach Variante
Altersgruppe	alle
Schwierigkeitsgrad	mittel
Arbeitsform	Partnerarbeit
Requisiten	Stühle

Aus mehreren Stühlen wird eine Parkbank gebaut. Zwei Spieler setzen sich gemeinsam auf diese Bank und beginnen spontan eine Szene zu improvisieren, die zu ihrer Körperhaltung passt – stumm oder mit Worten.

Tipp: Interessant ist es, wenn man jedes Paar ein Weile beobachtet und jeder Ideen sammelt, in welcher Situation sich die beiden befinden könnten.

Variation: Jedes Paar überlegt sich für beide gemeinsam fünf verschiedene Sitzpositionen auf einer Parkbank und findet ca. fünf Sätze, die zu den Sitzpositionen passen und eine kurze Szene ergeben. Anschließend proben sie die Sitzpositionen und die dazu gehörenden Sätze. Danach führt jedes Paar seine Szene für die anderen Spieler auf.

Schwerpunkt	Improvisationen und Szenen
Name	**Märchen in Bildern darstellen**
Dauer	10 Minuten
Altersgruppe	alle
Schwierigkeitsgrad	mittel
Arbeitsform	Kleingruppen
Requisiten	—

Es werden Kleingruppen gebildet. Jede Gruppe zieht einen Zettel, auf dem ein Märchen steht. Die Gruppen denken sich fünf oder sechs Bilder aus diesem Märchen aus und stellen sie als Standbild dar. Zwischen den einzelnen Bildern sollte der Raum verdunkelt werden; falls das nicht möglich ist, schließen die Zuschauer die Augen. Nach dem letzten Bild raten die Zuschauer, welches Märchen dargestellt wurde.

Tipp: Falls die Spieler das gezogene Märchen nicht kennen, können sie ein eigenes auswählen.

Schwerpunkt	Improvisationen und Szenen
Name	**Auf Zuruf Gefühle darstellen**
Dauer	10 Minuten
Altersgruppe	ab 16 Jahren
Schwierigkeitsgrad	mittel
Arbeitsform	ganze Gruppe
Requisiten	—

Drei Spieler stehen mit dem Rücken zur Gruppe. Der Spielleiter oder andere Spieler rufen ihnen ein Gefühl wie „Wut“, „Trauer“ oder „Freude“ zu. Die drei drehen sich um und stellen das Gefühl spontan pantomimisch – durch Mimik und Körpersprache – dar. Die Spieler spielen jeder für sich und beziehen sich nicht auf die anderen. Dann drehen sie sich wieder um – das nächste Gefühl wird gerufen. Pro Gruppe sollten fünf bis zehn verschiedene Gefühle dargestellt werden.

Variation: Die drei Spieler stellen das Gefühl unterschiedlich stark dar. Einer ist etwas ängstlich, der zweite hat starke Angst, der dritte ist fast panisch.

Schwerpunkt	Improvisationen und Szenen
Name	**Beziehungen darstellen**
Dauer	je nach Größe der Gruppe
Altersgruppe	alle
Schwierigkeitsgrad	mittel
Arbeitsform	Partnerarbeit
Requisiten	Karten, auf denen jeweils eine Beziehung zwischen zwei Personen steht, z.B. – Patient und Arzt, – Mutter und Kind, – Polizist und Einbrecher, – Schuhverkäufer und Kundin, etc.

Die Spieler bilden Paare. Jedes Paar zieht eine Karte und bereitet eine kurze Improvisation vor. Anschließend spielt jedes Paar seine Szene der ganzen Gruppe vor. Diese sagt, was sie gesehen hat.

Schwerpunkt	Improvisationen und Szenen
Name	**Fahrstuhl zum 7. Himmel**
Dauer	15–20 Minuten
Altersgruppe	ab 15 Jahren
Schwierigkeitsgrad	anspruchsvoll
Arbeitsform	ganze Gruppe und Einzelarbeit
Requisiten	—

Die Spieler gehen durch den Raum und suchen den Fahrstuhl. Plötzlich bleibt einer stehen. Schnell eilen alle dorthin, weil sie hoffen, dass dort der Fahrstuhl ist. Ohne sich abzusprechen merken sie, dass sie nicht an der richtigen Stelle stehen, und gehen wieder einzeln durch den Raum. Das wiederholt sich so oft, bis der Spielleiter der Gruppe mitteilt, dass sie nun richtig stehen und in den – imaginierten – Fahrstuhl einsteigen können.

Nachdem alle eingestiegen sind, fährt der Fahrstuhl langsam nach oben. Es kann vorkommen, dass er für eine Weile zwischen zwei Stockwerken hängen bleibt, doch nach einiger Zeit hält er im obersten Stockwerk. Die Türen öffnen sich und alle steigen aus. Jeder befindet sich nun in seinem 7. Himmel. Er schaut sich um, hört genau hin, riecht, schmeckt und fühlt. Nach einer Weile ist es jedoch an der Zeit zum Fahrstuhl zurückzugehen. Erfüllt von dem gerade Erlebten steigen alle wieder in den Fahrstuhl ein und kehren in das Erdgeschoss, also in den Arbeitsraum zurück.

Schwerpunkt	Improvisationen und Szenen
Name	**Das lebende Denkmal**
Dauer	15–20 Minuten
Altersgruppe	alle
Schwierigkeitsgrad	anspruchsvoll
Arbeitsform	Partnerarbeit
Requisiten	—

Die Spieler stehen in einer Reihe nebeneinander. Ein Spieler stellt sich vor die Gruppe und nimmt eine beliebige Körperhaltung ein. Ein anderer kommt hinzu und nimmt eine Körperhaltung ein, die dazu passt. Nach einem kurzen Moment des Innehaltens beginnen sie von dieser Position ausgehend eine Szene zu spielen – die nicht zu lange dauern sollte.

Schwerpunkt	Improvisationen und Szenen
Name	**Ich .... dich**
Dauer	je nach Größe der Gruppe
Altersgruppe	ab 15 Jahren
Schwierigkeitsgrad	anspruchsvoll
Arbeitsform	Partnerarbeit
Requisiten	ein Stuhl

Der Spielleiter bereitet so viele Karten vor, wie es Spieler gibt. Auf diesen Karten stehen Sätze, die mit „ich“ beginnen und mit „dich“ oder „dir“ enden:

- Ich liebe dich.
- Ich hasse dich.
- Ich bin eifersüchtig auf dich.
- Ich verzeihe dir.
- ...

Jeder Spieler zieht eine Karte und denkt sich eine dazu passende Szene aus. Nach einer ausreichenden Vorbereitungszeit beginnt die Vorführung.

Jeder sucht sich vor dem Spielen einen Partner aus, der weder den Satz, noch die Szene kennt. Dieser setzt sich zu Beginn der Szene auf einen Stuhl. Seine Aufgabe ist es, auf das Spiel des aktiven Partners zu reagieren und ihn in der Szene zu unterstützen. Der aktive Spieler beginnt nun die ausgedachte Situation zu spielen und sein Partner steigt darauf ein. Gemeinsam spielen sie eine kurze Szene.

Nach jeder Szene beschreiben der passive Spieler und das Publikum, was sie erlebt und beobachtet haben.

Schwerpunkt	Improvisationen und Szenen
Name	**Improvisation mit Eigenschaften und Orten**
Dauer	10 Minuten
Altersgruppe	ab 15 Jahren
Schwierigkeitsgrad	anspruchsvoll
Arbeitsform	Partnerarbeit
Requisiten	—

Der Spielleiter schreibt Eigenschaften und Orte auf getrennte Zettel, z.B.

- müde / kalt usw.,
- Kirche / Strand usw.

Jeweils ein Paar improvisiert aus je zwei Begriffen – einer Eigenschaft und einem Ort – nach einer kurzen Vorbereitung eine kleine Szene.
Die Zuschauer versuchen zu erraten, welche Eigenschaften und Orte gemeint sind.

Schwerpunkt	Improvisationen und Szenen
Name	**Fotos werden lebendig**
Dauer	je nach Größe der Gruppe
Altersgruppe	ab 15 Jahren
Schwierigkeitsgrad	anspruchsvoll
Arbeitsform	Kleingruppe
Requisiten	Fotos oder Bilder, auf denen mehrere Personen abgebildet sind

Jede Gruppe sucht sich ein Bild aus, auf dem genauso viele Personen abgebildet sind wie die Gruppe Personen zählt. Die Gruppe stellt das Bild nach und beginnt aus dieser Haltung heraus eine Szene zu improvisieren.

Schwerpunkt	Improvisationen und Szenen
Name	**Das Geschenk**
Dauer	je nach Größe der Gruppe
Altersgruppe	alle
Schwierigkeitsgrad	anspruchsvoll
Arbeitsform	Partnerarbeit
Requisiten	—

Die Paare verteilen sich im Raum. Einer überreicht seinem Partner ein fiktives Geschenk. Der Beschenkte freut sich und bedankt sich. Es kommt zu einem kleinen Dialog zwischen den beiden. Bei dieser Übung gibt es zwei Varianten:

a) der Schenkende bestimmt, was er schenkt,
b) der Beschenkte entscheidet, was er überreicht bekommt.

Schwerpunkt	Improvisationen und Szenen
Name	**Ein Hut, ein Stock, ein Regenschirm ...**
Dauer	je nach Größe der Gruppe
Altersgruppe	alle
Schwierigkeitsgrad	anspruchsvoll
Arbeitsform	Kleingruppe
Requisiten	diverse Gegenstände

Die Teilnehmer bilden Kleingruppen. Jede Kleingruppe bekommt den gleichen Gegenstand: einen Hut, einen Brief, einen Ring usw. Dem Einfallsreichtum des Spielleiters sind keine Grenzen gesetzt! Jede Gruppe erarbeitet eine Szene, in der der Gegenstand eine wichtige Rolle spielt. Diese Szene wird geprobt und anschließend vor der gesamten Gruppe aufgeführt.

Variation 1: Alle Szenen gemeinsam ergeben die Geschichte eines Gegenstandes im Lauf der Zeit – wie in dem Film „Die rote Violine". Dazu müssen die Übergänge zwischen den Szenen mit allen Teilnehmern festgelegt werden.

Variation 2: Es muss nicht immer der gleiche Gegenstand für alle Gruppen sein. Im Gegenteil hat es auch seinen Reiz, wenn jede Gruppe einen anderen Gegenstand in den Mittelpunkt einer Szene stellt.